26のホ・オポノポノ

誰もが幸せに生きる街マルヒア

Maluhia

- THE HAPPY CITY -

26 Ho'oponopono

Mabel Katz

マベル・カッツ

伊藤 功＋伊藤愛子＝訳

ヒカルランド

この本をすべての若者たち、
そして、幸せになり、
平穏に暮らすための秘訣を探している
すべての大人たちに捧げます。

前文

自然豊かな南国の島の街、マルヒアの街に住む人たちは、幸せで、健康で、そして平穏な人生を送るための秘訣を知っています。そして、自分たちもそのように生きるための方法を知ろうとして、多くの人々がマルヒアを訪れます。マルヒアでは、子どもたちが街を案内するガイドとして、その秘訣を分かち合ってくれます。

彼らガイドは、読者を街のあちらこちらへ、そして人生のあらゆる分野へと連れて行ってくれます。古代ハワイに伝わる生き方の秘伝、ホ・オポノポノをシンプルに実践することで得られる生活の変化、そしてそれがこの星にもたらす大きな変化。登場人物たちが実

際に物語の中で生きていく中で、あなたにそれを示してくれます。本書では全編を通して、自信、感謝、許しが行動の土台を優しく形作っています。

本書に収められている話は、国際的なセミナー講師で平和大使であるマベル・カッツがイハレアカラ・ヒューレン博士から聞いた体験談、そしてマベルの教え子たちから寄せられた実体験をもとに書かれています。

これらの話は現実の話であるため決して説教的ではなく、むしろ明るく輝き、若者からご年配の方まで、あらゆる読者の中にある大きな意識を目覚めさせます。

そしてこの世界が、より幸せで平和な場所になりうるというビジョンを見せてくれるのです。

子どもたちのポジティブな想像力や信念を支持してあげることによって、子どもたちがありのままでいることができ、それによって子どもたちがより良い世界を創造することができるようにする、ということがどれだけ大切なことなのかを、本書は教えてくれます。

親が楽しみながら子どもに読み聞かせることができ、どの年代の子どもも楽みながら聞けて、読めるように丁寧に創作された物語。マベル・カッツは26の物語1つ1つに、1人1人のための種を植えました。それは、この星を変えていくための種です。

目次

イラスト
たかまるゆうか

ブックデザイン
鈴木成一デザイン室

校正
鴎来堂

序章

あるところに、誰もが幸せに暮らす特別な街がありました。そしてこの街には、その秘訣を知ろうとする人がたくさん訪れます。マルヒアと呼ばれるこの街は、実り豊かな自然に囲まれた美しい山合いにあり、海に臨んでいます。マルヒアの人々は、幸せとはそれぞれの選択であり、ホ・オポノポノと呼ばれる代々受け継がれてきた古代ハワイのテクニックによってその幸せに到達できるということを知っています。

子どもと大人のために描かれたインスピレーション溢《あふ》れる物語によって、あなたはきっとマルヒアやそこに住む人々の魔法を発見することでしょう。その大部分がイハ

レアカラ・ヒューレン博士や私の生徒たちから伝えられた実話をもとに書かれていま
す。その他にも、私が世界中で開催するセミナーで参加者が共有してくれた話や、私自身の体験から書かれている話もあります。

もしかしたら、これらの素敵な物語が実話であるということを疑う人もいるかもしれません。そういうものだということは分かっています。私自身も、目覚める前は見えないものや触れられないものは信じることができませんでした。私に心を開くこと、謙虚になることを教えてくれたイハレアカラ・ヒューレン博士と過ごした12年間で、私は自分が思っていたほど物事を知ってはいなかったのだということに気づくことができました。

人生とは探究であり、私たちはみな同じものを求めています。幸せ、平和、そして自由です。私たちが幸せになり、平穏でいようと決めることが、幸せな子どもたち、家族、地域社会を創り出します。そして幸せな子どもたちは、幸せなビジネスと経済を創り出します。これこそが世界を変え、全人類に本当の豊かさをもたらすたった一つの方法です。

マルヒアの街は、ただ私たちが幸せになり、自分を信じ、愛情深くいることを選ぶだけで、この地球に変化をもたらすことができるのだというお手本です。それは、自分自身をあるがまま受け入れ、他人をありのままに受け入れることです。私たちはみな生まれ持った才能を持つ個性的な存在で、それぞれが人生に成すべき大切な使命を持っているのだということに気づく必要があります。自分自身の外側ばかりを見て、自分と他人を比較することをやめましょう。私たちは、満たされた人生を選ぶことができるのです。

偉大なアルベルト・シュヴァイツァー（ドイツの神学者・哲学者）は「成功は幸せの鍵ではありません。幸せが成功の鍵なのです。もしあなたがしていることが好きなことなら、あなたは成功するでしょう」と言っています。

私たちは自分の好きなことをするべきです。それが子どもたちにとってのお手本になります。子どもたちは私たちが言っていることを聞くよりも、私たちのしていることを見ているのです。

世界の幸せと平和の秘訣は、私たちそれぞれが、自分が何者であるのかを知り、なんのためにここにいるのかを知ることだと思います。私たちは自分を信じ、自分の中にある人生を変える力を見つけなければいけません。

ラルフ・ワルド・エマーソン（アメリカの思想家・哲学者）は「自分を信じることは成功への第一の秘訣です」と言っています。

幸せへの旅路は決して孤独ではありません。全宇宙が私たちをサポートしてくれます。その宇宙は私たちには定義することも、見ることも、触ることもできません。しかし、私たちが望んでいるものは、その宇宙からもたらされるのだということを忘れないでください。今こそ自分が何者であるのか、この宇宙での役割は何であるのかを思い出すべき時です。

今が大いなる目覚めの時です。自分たち自身を酷く痛めつけることをやめ、感謝と許しを実践しましょう。自分で必要だと思い込んでしまっているものに意識を傾けるよりも、自分自身が持っているものに感謝の気持ちを持ちましょう。自分自身の人生に100%の責任を持ちましょう。他人や自分自身を許すことが、幸せや繁栄のためのドアを開くのだということを知ってください。

私たちは自分たちの内側の声を聞き、夢を叶えるのを邪魔している信念や判断を手放さなければいけません。幸せになることを選ぶことは、常に正しくいようとすることよりも重要なことなのです。

「平和は『私』から始まります。内側の平和が世界の平和なのです」
これが私の世界平和キャンペーンです。
私は心から確信しています。私たちにはそれが可能だと……。

第1話

物語はあなたのもの

春がその輝きをふりまきながら訪れ、マルヒアの通りは旅行客で賑《にぎ》わっていました。咲き誇る花は虹色を創り出し、歩道を青、紫、赤、黄の色合いに彩ります。車道に沿って極上の香りを放つ木々が立ち並び、楽しそうな鳥の歌声が耳に心地よく響きます。この時期はまさに体中の感覚が満たされる季節なのです。

マルヒアは山の合間にあって海に臨む、美しい土地です。この街の人たちは、この季節、多くの人が週末になるとこの街にやって来ることを知っています。

11歳のウニヒピリも旅行客を迎える準備ができていました。土曜日の早朝、彼は若いツアーガイドの仲間たちを中央広場に集めました。ウニヒピリはその若さにもかかわらず、責任のある立場にありました。この街の人たちが心から幸せでいられる秘訣を知りたいと訪れる旅行客たちを、きちんともてなせるように、マルヒアの子どもたちをトレーニングする役割を任されていたのです。

その土曜日の朝は、たくさんの子どもたちが集まって、ウニヒピリから最後の指示を聞いていました。それは、彼がアウマクア先生という、この地域の先生たち全員の師である大先生と話し合って決めた内容でした。

ウニヒピリは若いガイド仲間たちに情熱をこめて話し始めました。「僕たちのミッションは、訪れてくれた人たちと一緒にマルヒアの美しさを楽しむことだ。ここに旅行者用の地図がある。この地にまつわる話をまとめたものもある。みんな自分の持ち場と回る道は知っているよね。これはとても素晴らしい機会で、今日起こることに偶然なんて何もないんだということを忘れないように。これから過ごす、楽しく、分かち合うための時間の間も『ありがとう、愛しています』のキーワードを自分自身に繰り返すように。さあ、持ち場に行く前に、農家の人たちが用意してくれた美味しいフルーツを楽しもう。みんな、ありがとう!!」

みんなは笑顔で、仲間とともに美味しそうなフルーツとジュースに向かって駆け出しました。通りかかった街の人たちが、遠くから笑って手を振っています。ご馳走を食べ終わると、子どもたちは旅行客に挨拶をするために、街中に散らばっていきました。

ウニヒピリは自分の持ち場である中央広場に残り、集まってきた鳩たちを追いかけていました。

「自由に飛んでいくんだ、みんな」ウニヒピリは彼らを追いながら大きな声で言いました。

ちょうどその時、ウニヒピリは広場に向かって歩いてくるカップルを見つけました。彼は親しみを込めて「おはようございます！　来てくれてありがとう！」と元気に挨拶をしました。

50歳くらいに見える女性が「おはよう。この辺でウニヒピリという名前の人物に会えると聞いたのだけど。ご存じ？」と尋ねました。

「もちろん」ウニヒピリが答えました。「僕がそのウニヒピリだよ」

女性と一緒にいた男性が不思議そうに「マルヒアには君以外にもウニヒピリという人がいるかい？」と聞きました。

ウニヒピリは心の中で『ありがとう、愛しています』と繰り返しながら返事をしました。「あなたたちが探しているウニヒピリは僕だよ。どんな御用ですか？」

カップルは驚いた顔を見合わせたあと、この地域の大先生に会いたいと伝えました。

「ウニヒピリだけが彼の所へ案内できると聞いてここへ来たの」

ウニヒピリは「ついておいでよ。アウマクア先生があなたたちに伝えることがあるかどうか、行ってみよう。でも、今が良いタイミングだって保証はできないよ」と答えました。

2人は心配そうにウニヒピリの後について、通りに沿って花が植えられた狭くて急な道を歩きました。道の先には、愛らしい庭のある小さな家があり、穏やかな顔をした老人がポーチで休んでいるのが遠くからでも見えました。少年は老人のもとに駆け寄ると、耳元で何かを囁きました。アウマクア先生は椅子に身を起こすと、まるで2人よりも先にある何かを見るような目つきで数秒間このカップルのことを見つめました。

彼は身振りで2人に近くに来るように伝えました。そしてゆっくりと、でもとてもはっきりと話し始めました。

「何事も偶然に起こったりはしないものです」アウマクア先生は言いました。「すべては起こるべき時に、ふさわしい形で起こるようになっているのです。昨夜あなたたちは家の近くにある高級レストランへ行き、2人とも同じ魚の料理を注文しましたよね」

「どうしてそれを知っているのですか?」驚いた女性が、ためらいがちに尋ねました。

「私は多くのことを知っています。しかし一番大切なのは、あなたが、昨夜起きたことに偶然などないということを知ることです。あの魚たちは、あなたたちがレストランに来るずっと前から、あなたたちがテーブルに着いて注文をするずっと前からあなたたちを待っていたのです。何事も偶然ではないのです」と言い、それからアウマクア先生は随分長いと思えるほどの間を取りました。そして彼は、まるでカップルのことを見透かすかのように彼らを見つめ続けました。

男性は、思い切って質問をしてみることにしました。「つまり、人生のすべては決められているということですか？」

アウマクア先生は優しく誠実な声で答えました。「人生とは偉大な演劇で、私たちはそれぞれの役割を演じる俳優なのです。私たちはそれぞれ自分の役柄を解釈し、自分自身の物語を書いているのです」

アウマクア先生の答えに困惑した男性は「でも、もしすべてが台本通りで、私たちの運命がすでに記されているのなら、どうやって自分自身の物語を書けるのですか？」

「私たちはみな、どの瞬間においても選ぶ能力があります。もし自分の物語が気に入らなければ、変えることができるのです。逆らうのではなく手放すのです。そうすることで気に入らない物語を形作っている記憶を変化させ、消去することができるのです。消去すると、驚くほどの創造性が流れることに気づきます。マルヒアでは、私たちはみな記憶を消去し、自分の自由な意思を使い、自分の人生に最も良い物語を書けるようになることを学んでいるのです。これがマルヒアの幸せの秘訣なのです」

年老いた大先生は椅子の背にもたれ、静かにお別れの笑みを浮かべました。ウニヒピリは、カップルについてくるように言いました。彼らは大先生にハグをして、それから静かに帰りました。その時から、このカップルはネガティブな記憶を手放し、消去し、現在を生き、自由な意思を用い、自分たち自身の素晴らしい物語を書き始めたのです。

ただ「ありがとう、愛しています」と繰り返すことによって。

人生は偉大な演劇で、私たちはそれぞれの役割を演じる俳優なのです

第2話　どんなものにでも命がある

マルヒアの玄関口である丘の上には、読みやすいようにと考えて置かれた、大きな歓迎の看板があります。1人の男性がその看板を清掃していて、旅行客の一団がそのさまをカメラに収めていました。それはとても魅力的で楽しい気持ちになる看板で、訪れた人がこの特別な街を理解し、目覚めることができるようにと特別に作られたものでした。そこには色鮮やかな文字で「ようこそマルヒアへ。あなたがここで目にするものすべてには、命が宿っています」と書かれていました。

この「あなたがここで目にするものすべてには、命が宿っています」という一風変わった文は、街中のいろいろな看板にも書かれています。マルヒアの人たちは、不思議がる人たちにその意味を説明して、これは宣伝用のキャッチフレーズではなく、事実そうなのだということを理解してもらうことに、もうすっかり慣れています。

まだ若いウニヒピリも、母親とアウマクア先生の両方から何度もこの教えについて聞かされているので、とてもよく理解していました。この日、ウニヒピリは広場の中心でボール遊びをしていました。やがて彼は旅行客と思われる年配の男性2人と若い女性がベンチに腰かけて話しているのに気づきました。ウニヒピリは3人の会話が聞こえるように、ボールを弾ませるのをやめて彼らの方を見ました。

「どう考えても石や椅子に命があるわけがないんだよ」年配の男性のうちの1人が断言しました。

「子どものころから人間と動物、植物だけが命を持っていると教わってきたからな。それ以外は命のない、ただの物さ」男性の友人も同調します。

若い女性は「すべてのものに命があるのかどうかは分からないけど、私は2人と一緒にこの場所に来られて良かったわ。ここでは違う空気が吸えるもの」と言いました。

ウニヒピリは一歩ごとにボールを弾ませながら、だんだんと彼らに近づいていきました。そして立ち止まり、彼らにはっきりと聞こえる声でボールに話しかけ始めました。

「君と一緒に遊ぶことができて僕はとても幸せだよ。僕を楽しませてくれるし、話し相手にもなってくれるし、君のすべてに感謝しているんだ」ウニヒピリはボールに向かって言いました。

それからウニヒピリは、自分のことを面白そうに、そしてとても興味深そうに見ている彼らの方に向き直りました。

「これが僕のお気に入りのボール、カレだよ」ウニヒピリは笑顔で言いました。「カレは知らない人に会うのが大好きなんだ」

若い女性は面白そうに「あなたはその子の声が聞こえるの?」と尋ねました。

「聞こえる時もあれば、ただ感じるだけの時もあるよ。何日もまったくコミュニケーションが取れなくなる時だってあるし。でも、カレが聞いているっていうことは分かっているから、そんな時でも話しかけてはいるんだ」ウニヒピリはボールを見続けながら満面の笑みで答えました。

「では、見せておくれ。生き物ではないものにも命があるということを証明しておくれ」年配の男性のうちの1人がウニヒピリを試すように言いました。

ウニヒピリはすぐに「あなたにそれを証明するのは僕じゃないよ。ただ周りのものに感謝をしてみて。ステッキとか車とかメガネとか、あなたのことを無条件で助けてくれている物に。そういった物があなたにしてくれていることについて考えたことがある？　もし見えなくても、聞こえなくても、すべての物に本当に命があるんだ。僕はそのことをアウマクア先生から教えてもらったんだよ」と返しました。

若い女性はとても強い興味を持って「アウマクア先生というのはどなた？」と聞きました。

「宇宙の叡智《えいち》を持っているおじいさんだよ。マルヒアの先生たちの先生なんだ」ウニヒピリが答えました。

「彼は何を教えているんだ？」もう一人の男性が低い声で言いました。

「幸せに生きるための秘訣だよ。ホ・オポノポノっていうやり方で、とっても簡単なんだよ。僕のお母さんはアウマクア先生の教え子だから、僕はとても小さい時からその2人にやり方を教わっているんだ。あ、お母さんが来た。紹介するね」

ウニヒピリは母親に走り寄ると、ハグをして、それから丁寧に母親を紹介しました。

「こちらが僕の母です」

「お会いできて光栄です。私の名前はマリアです。マルヒアを訪れてくださって、ありがとうございます」

マリアが挨拶をすると、若い女性がマリアに話しかけました。「とても賢いお子さんね。ボールに話しかけていて、ボールも彼の声を聞いているんだって教えてくれたわ」

マリアは「ええ、私たちは身の回りの物に話しかけるんです。何よりも、感謝を伝えるようにしています。これは人生を良い方向に変えていくための習慣なんです」と答えました。

「それを証明してもらうことはできるかね？」年配の男性がそう求めました。

「毎日実践することで、ご自身で証明できますわ。最近私たちに起きたことをお話しさせてください。私たちは少し前に、家を売って、それまでよりも少しこぢんまりとした所に引っ越しました。私は引っ越すと決めた時から、それまで住んでいた家に向かって話しかけるようにしていました。家がこれまで私たち家族にしてくれたことや、私たちに与えてくれたことすべてに対して感謝を伝えたんです。私は心身ともにその家とちゃんと決別して、その家にとって完璧な買い手がやって来られるようにすることを約束しました。私たちは家中に喜びのエネルギーが共鳴し始めたことに気づきました。そして、それから一週間もしないうちに完璧な買い手が現れたんです。命を持っているようには見えない物を受け入れて、大切にすることが当たり前になると、奇跡が起こり始めるんです。すべての物に神と命が宿っています。さて、もう私もウニヒピリも行かなくちゃ。美味しいご飯が私たちのことを心待ちにしているんです。お会いできて嬉しかったですわ。これからも楽しい人生が続きますように」

3人の旅行客は、マリアとウニヒピリが手をつないで去っていくのを見ていました。3人は黙ったまま「すべての物に神と命が宿っている」というフレーズについて考えていました。涼しい風が頬を撫で、3人は自然と微笑みました。

あなたがここで目にするものすべてには、命が宿っています
すべての物に神と命が宿っています

第3話　感じたことを信じる

山沿いの道の終着点にあるマルヒアの平和な海岸に、そっと夜明けの気配が訪れました。カモメが、昇る朝日を見に集まった地元の人たちに同行します。波の柔らかい音が砂浜を撫で、闇の間から現れた光が海岸を色鮮やかに浮かび上がらせました。そして穏やかな風がこの完璧な夜明けを仕上げました。

マリアの日曜日はいつもこうやって始まります。日の出よりも早く海の方を向いて砂の上に座り、感謝とともに新しい1日を迎え入れるのです。そしていつもその後、息子のウニヒピリのために話すお話や、インスピレーションをかきたてるような何かを持って帰ります。彼はいつもマリアの帰りが待ちきれなくて、彼女がドアを開けるとすぐに駆けつけてくるのです。

「おはよう、大好きなウニヒピリ。私の人生にいてくれて、ありがとう」マリアはウニヒピリを強く抱きしめながら言いました。

「愛しているよ、ママ。今日はどんなお話をしてくれるの？」

「今朝、私が家を出る時には想像もしていなかったことよ」マリアが言います。「今日はアウマクア先生が砂浜にいたの。彼が岩に座っているのが遠くから見えたわ。最初は本当に先生かどうか確信が持てなかったけど、近づいたら先生が目を閉じているのが分かったの。もちろん先生の思考を邪魔しないような距離までしか進まなかったわよ。少しそこに立って、静かで穏やかな呼吸をしている先生の平和な顔を見ていたわ」

「それで、先生は目を開けたの？」

「いいえ、その時は開けなかったわ」マリアは続けて「だから私は少し戻って、いつも日の出を待つ時にするように、砂の上に座ったの。昇り始めた太陽の温かい光が顔に触れるのを、目を閉じながら感じていたの。その後私が先生の方を振り返った時、先生は私を見ていたわ。そしてすぐに私に手招きをしたの」と言いました。

ウニヒピリは話の続きが知りたくて「それで？　それで先生はなんて言ったの？」と聞きました。

マリアは笑いながら「私たちは少しお話をしたの。アウマクア先生はとても元気で、おしゃべりだったわ。先生は、海が自分とお婆様を繋げてくれたと言っていたわ。先生は子どもの頃、海でお婆様と一緒に散歩したり釣りをしたりしていたそうよ」と言いました。

ウニヒピリは不思議そうに「先生はお婆さんと一緒に釣りをしていたの？」と聞きました。

「そうよ。でもたぶん、あなたが思っているやり方とは違う方法よ」マリアが言いました。「先生のお婆様がとても特別な才能を持っていたことは知っているわよね。アウマクア先生の叡智の多くは、彼女からもたらされたものなの。先生にすべての感覚を目覚めさせることで、見えないと思われていたり聞こえないと思われているものが、見えたり聞こえたりするようになることを教えたのは、お婆様なのよ」

「でも、そのことと、先生がどうやってお婆さんと釣りをしたのかは関係ないでしょ？」ウニヒピリは分からないといった感じで聞きました。

「今朝アウマクア先生は、小さい頃にお婆様が海に連れて行ってくれていたことを思い出していたの」マリアが説明を始めました。「先生は、お婆様が先生の隣にどういう風に座りながら、海に意識を集中させていたのかを教えてくれたの。彼女が呼びかけると、魚たちが先生たちの周りをグルグル泳ぎ始めたらしいわ。でも彼女は、その日調理するのに必要な分だけしか捕らなかったそうよ。そして彼女がその日の分を選び終わると、残りの魚たちは海へ帰っていったんですって！　どう？　すごいでしょう？」

ウニヒピリは驚きながら「僕もそれ、できるようになりたい！」と言いました。

「どんな可能性に対しても心を閉ざしちゃだめよ、私のかわいいウニヒピリ。さもないと、あなたがもともと持って生まれた才能が開花しないわ」

その時、マリアの年下の友人、メレカが慌てて家にやって来て、２人の会話を遮りました。彼女はとても興奮していました！

「マリア、マリア！　さっき砂浜から帰るアウマクア先生にバッタリ会ったの」メレカは上機嫌に話し始めました。「それで、少しだけお話しできませんかってお願いしたら、なんとオーケーだったのよ。先生の言葉を聞けて、とても良かったわ。先生はまさに私が必要としていた言葉をくださったんですもの」

マリアは「それで、今日は何を学んだの、メレカ？」と尋ねました。

メレカはクスクス笑いながら「私はおかしくなんかないってこと！」と言いました。

ウニヒピリはキッチンへ行き、シリアルを用意しながら2人の会話を聞いていました。

メレカはシリアスなトーンになり、ほとんど囁くように「時々聞こえる不思議な声について先生に話したの。最近になって起こったことで、どうしたらいいのかとても悩んでいるって。先生はまず『君はおかしくなってなんかいないよ。徐々にその声たちを認識できるようになる。注意を向けて、心を開けば、怖くなくなるよ』って言ってくれたわ」と言いました。

「その通りだわ、メレカ」マリアが同意しました。「先生も、資質を抑え付けて、他人の『普通』に流されてしまったら、素晴らしい機会を逃してしまう、ということを経験しているから分かるのよ」

それからマリアは息子に手招きをして「ウニヒピリ、お話が聞こえるように、こっちにいらっしゃい」と言いました。

ウニヒピリはすぐに母親の隣に座りました。そしてマリアが話し始めると、ウニヒピリとメレカは真剣に聞き始めました。

「これはむかし、アウマクア先生が教えてくれた話よ。先生が赤ちゃんだった頃、妖精がベビーベッドにやって来てくれて、一緒に楽しく遊んでいたんですって。先生にとっては、妖精を見たり妖精たちとお話ししたりすることは、普通のことだったの。だから学校に行くようになると、当然のように周りの子たちにも妖精の話をしたそうよ。でも教師は先生のお母様を呼び出して、学校でそういった類いの話をしてはいけない、と伝えたの。それきり彼はもう二度とその話をしなかったわ。だって、他の子と違うのが嫌だったから。アウマクア先生はそうやって自分の才能を抑制し始めて、それからというもの、妖精は彼のもとを訪れなくなり、あっという間にいなくなってしまったそうよ」

「じゃあ先生は、どうやって才能を取り戻したの？」ウニヒピリが聞きました。

「大人になってから、先生は『他の人がどう思うか』を気にしないということを学んだの。アウマクア先生が、モーナというとても特別な先生について話してくれたことがあるわ。彼の才能と、ゼロの状態に戻る方法を彼自身に思い出させてくれた人よ。ゼロ・ポイントでアウマクア先生はもう一度子どもになって、見えないものや聞こえないものを見聞きできていた、子どもだった頃の才能を取り戻したの。心が子どものようにピュアになることで、私たちは不可能なことなんて何もない、ゼロの状態に戻ることができるのよ」

マリアが話し終わると、3人はインスピレーション溢れる温かいエネルギーと、夢のような瞬間について思いを巡らせ始めました。

あらゆる可能性を決して閉ざさないで。誰にもあなたが持って生まれた才能を開花させることを止めさせないで

第4話　見えないもの

この日、マルヒアの街全域のホテルには、たった1部屋のシングルルームすら空きはありませんでした。マルヒアの大先生、アウマクアによる講演会があるという報せがまたたく間に広まり、この一大イベントに参加しようと旅行客が殺到したのです。

そして、この美しい秋の週末に催されるイベントはこれだけではありません。マルヒアの街の人たちが毎年楽しみにしている、冬の訪れを祝うお祭りのタイミングでもあったのです。街は賑わい、誰もが中央広場周辺に広がって行われる催しを楽しんでいました。

その土曜日の朝、マルヒアの子どもたちはワクワクとともに目を覚ましました。美味しいおやつと明るい音楽、そして楽しいゲームが大通りで待っていることを、みんな知っているのです。そして夕暮れの訪れとともに、大通り沿いの木々には灯りが輝き始めます。それは子どもから大人まで、どの年代の人にとっても待ち遠しい光景です。

その日の朝早く、ウニヒピリは若いツアーガイドの一団を広場に集めました。そしていつも通りにアウマクア先生の言葉をみんなに伝えました。

ウニヒピリは強いリーダーシップで「いつも『ありがとう』を言おう。そうすれば訪れてくれた人たちの悪い記憶が修復されるかもしれない。宇宙が彼らに相応《ふさわ》しい恵みをもたらすということを決して忘れないように。そして、誰一人として偶然ここに来る人などいないということを忘れないようにしよう」と仲間たちを鼓舞しました。

子どもたちはすでに「ありがとう」を繰り返すことの大切さを知っていましたが、その日のアウマクア先生からのメッセージは特別な意味を持っていました。勇気と熱意に満ちた子どもたちが、通りへと出ていきました。旅行客と出会い、誰もが幸せに生きているこの街の特別な話を分かち合うために。

数時間後、ウニヒピリと彼の母親のマリアは、アウマクア先生を迎えに行きました。講演会場のホテルの大ホールへ行くのに付き添うのです。この大先生は毎年この日に、自らの特別な教え子たちに会うことにしているのです。そして、他の人たちもその場に参加できるように、必ず席に余裕をもたせるようにしていました。空席がなくなるまでみんなを受け入れると、ドアが閉じられます。

アウマクア先生は、彼の顔を知らない人たちに気づかれることもなく、無事にホテルに到着しました。彼の謙虚さは、その簡素な服装や、出会った人たちとの接し方によく表れていました。アウマクア先生がマリアとウニヒピリと一緒にホテルのロビーでエレベーターを待っていると、多くの人がすでに大ホールのドアの外にまで連なっている行列に並ぶために、急いでアウマクア先生の横を通り過ぎて行きました。

アウマクア先生が「旅行客たちがとても急いでいるのに気づいたかい？」と聞きました。

「ええ、アウマクア先生。彼らはあなたのことを知りたくてしょうがないみたいですね」マリアが笑いながら答えました。

その時ちょうどエレベーターのドアが開きました。降りてきた旅行客たちの中に、高性能のカメラを持っている人がいました。急いでいるその人のためにアウマクア先生は横にずれて、道を空けなくてはいけませんでした。そして先生はマリアとウニヒピリと一緒にエレベーターに乗りました。

アウマクア先生はマリアとウニヒピリに「世界中にいる無数の存在の中で、あの写真家は私たちの前を横切るためだけにあの瞬間にエレベーターを降りたのだと気づいたかい？」と尋ねました。

ウニヒピリは「だとしたらものすごい偶然ですね！」と答えました。

「いや、ウニヒピリ。偶然に起こることなど何もないんだよ。神様は私たちがクリーニングをするために、彼をエレベーターに乗せたんだ。クリーニングするというのは、私たちが共有している記憶を消去することだ、ということは分かっているね？『ありがとう。あの人が問題を抱えていてごめんなさい』と言おう。私たちの人生にはいろいろな人々や状況が次から次へと現れる。だからホ・オポノポノによるクリーニングも次から次へと行わなければならないんだ」

エレベーターが止まり、ドアが開きました。しかしアウマクア先生は降りずにエレベーターのボタンを押し、そのまま乗り続けて、自身の考えを2人に伝えることにしました。

「エレベーターというのは実に奇妙な空間だね。見ず知らずの人たちが、居心地悪く感じているのは気づくだろう？　彼らはお互いの顔を見ずに、代わりに反対側を向くんだ。だが、彼らの中にはエネルギーがある。だからエレベーターの中には多くのスピリットが集まってしまうんだ。もし私たちにそれが見えたら、みんなで際限なくクリーニングをして、記憶を消去していることだろうね。こういう時は『ありがとう。愛しています』を繰り返すのが正しい対応だよ」

マリアは同意しながら「アウマクア先生、同じようなことは他の場所にも当てはまりますね」と言いました。

アウマクア先生は「その通り！　自分が見たことや、自分が抱えている問題に対してはクリーニングをすることができる。でも、もし目では見えないものが見えたら、いつもクリーニングするようになるだろう」

エレベーターが再び止まり、今度は3人とも降りると大ホールに向かって歩き出しました。アウマクアの教え子たちは敬愛を込めて先生に挨拶をし、マリアとウニヒピリは席へと向かい、イベントが幕を開けようとしていました。

「大切なウニヒピリ、アウマクア先生がさっき私たちに教えてくれたことをしっかりと覚えておくのよ」マリアは息子に小声で言いました。

ウニヒピリは満面の笑みで「うん、ママ。僕はもうクリーニングをしているよ」と答えました。

マリアはウニヒピリを抱きしめると「私の人生に存在してくれてありがとう。愛しているわ」と伝えました。

外では、喜びと幸せがマルヒアの通りを埋め尽くしていました。美味しい食べ物や、この街特有の手作りの工芸品が、旅行客と街の人たちの両方に向けて売りに出されていました。中央広場では大きな看板が［「ありがとう」と言うことで何が起こるのかを知ったら、言うのをやめようとは思わなくなるでしょう」というアウマクアの言葉とともに、お祭りに来たすべての人を迎えていました。

冬の気配が漂い、あらゆる人がマルヒアの奇跡を感じていました。

「ありがとう」と言うことで何が起こるのか知ったら、言うのをやめようとは思わなくなるでしょう

第5話　信じればドアは開く

屋外の巨大な市場は、美しく配置された新鮮なフルーツと野菜の、明るい色と良い香りに満ちていました。ここはマルヒア最大の農産物の市場で、マリアはいつもここで買い物をします。

野菜の入ったバッグを持ったマリアは、赤と金色のりんごが高く積まれた籐のかごがいっぱい並んだテーブルで立ち止まりました。店主は、マリアがりんごをじっくり見て、やっと決めるのを見ていました。

「あなたが気に入ったわ。ここにいて、私に買われてくれてありがとう」マリアは周りに聞こえるほどの声で言いました。

店主はマリアに微笑みながら「ありがとう！　たったの一度も農薬を使っていないりんごたちだよ。思いやりと愛を持って植えられた木から採れた実なんだ。最高の買い物をしたね」と言いました。

マリアは微笑み返しながら「どうもありがとう。あなたの仕事のおかげで、私たちみんなが健康でいられるわ」と答えました。

店主は心から「あなたがりんごに話しかけていたことは、とても素敵なことだね。私もりんごをかごに入れる時に話しかけているんだよ。すぐに誰かが家に連れて帰ってくれて、栄養になるという使命を全うさせてくれるから、我慢するんだよって」と言いました。

「ありがとう、なんて素敵なのかしら！」マリアが返事をしました。

買い物をした後マリアは、まばゆい朝の太陽がマルヒアに訪れてくれたことに感謝をしながら通りを歩いていきました。道は彼女を、街のスローガン「あなたがここで目にするものすべてには命が宿っています」をうたったポスターの前に導きました。それをしっかりと心に刻みながら、マリアは道で目にするすべてに感謝して歩きました。

家に着くとすぐに、マリアは年若い友人のメレカが玄関の階段に座っているのを見つけました。メレカはまるで図書館で居心地良く座っているかのように深く集中して本を読んでいたので、マリアが近づくと驚き、その反応にお互い笑い出してしまいました。

「今日は学校に行かなかったの？」マリアが尋ねました。「こんな時間にここで何をしているのかしら？」

「先生に急用ができちゃって、今日はもう休校になったの」メレカが答えました。

ドアを開けながらマリアはメレカを直接キッチンへ招き入れて、買ってきたばかりのフルーツや野菜をしまい始めました。メレカはキッチンテーブルの椅子に座り、静かにそれを見ていました。

何かがあったことを感じ取ったマリアは「それで、何があったの、メレカ?」と尋ねました。

メレカは笑いながら「マリアの目はごまかせないなぁ! 私のママよりも私のことを知っているもの。でも嫌なことがあったわけじゃないから、心配しないで。空き時間にお金を稼ぐ計画について、相談したかっただけなの。パパのお友達の息子が新しいオンライン動画のチャンネルを持っていることが分かったの。その人が動画の題材を探していることを知ったパパが、その人に私の書いた物語のことを話したの。それで昨日の夜、本人が家に来たから、いくつか見せたら、彼は喜んでいたわ。でも、彼はあまりお金を払いたくないみたいだからノーって言って断ろうと思っているの」

マリアはストレートに「あなたはお金を稼ぎたいの？」と聞きました。

「もちろん！　卒業する前に貯金を始めたいの」間髪をいれずにメレカが答えます。

「だったらそこはイエスでしょ！」勇気づけるようにマリアが言います。「イエスと言えば、ドアが開くわ。誰がそのドアの向こうにいるか分からないでしょ？　あなたが望んでいる通りの話を持ってきてくれる人がいる可能性もあるのよ。何をするにしても、その報酬がどれだけであっても、ベストを尽くしなさい。そのチャンスがあなたを、考えたこともなかったどこかへ導いてくれるかもしれないわ」

するとメレカはとても気持ちがたかぶってきたようで「マリア、あなたのおかげではっきりと分かったわ！　素晴らしい知恵をありがとう！」と答えました。

マリアは友人の手を取り、心から言いました。「よく聞いて、私の大切な人。あなたは今回の話を持ってきてくれた人が、あなたに儲け話を持ってきたと思ったのでしょう？　でもそうじゃないの。彼はあなたにネガティブな記憶を消去するチャンスを与えるために、あなたの人生に現れたのよ。あなたが今できることで一番大切なことは『ありがとう、ありがとう、ありがとう』と繰り返してその記憶を浄化することよ。そうしたら、何もかもがもっと簡単になっていることに気がつくはずよ」

「今日は学校を休んだだけの価値があったわ」メレカはいたずらっぽく笑って言いました。「こんな素晴らしいことが学べるなんて！　ありがとう、私の友達で、綺麗な先生」

マリアは真面目な声で「メレカ、自分自身を再プログラムするためには、繰り返し実践しなきゃだめよ。そうじゃないと、忘れて、また考え過ぎて心配し過ぎる悪い習慣に戻ってしまうから。１日24時間やるものなのよ」と念を押しました。

ちょうどその時、ウニヒピリがドアを開けて家に帰ってきました。彼は本でいっぱいのリュックをソファに放り出すと、マリアに駆け寄ってハグをしました。

「愛しているよ、ママ」マリアにそう伝えると、今度はメレカにハグをしました。

マリアが「大切なウニヒピリ、今日の学校はどうだったの？」と尋ねました。

「ばっちりだったよ、ママ」ウニヒピリが返事をしました。「部屋に行ってちょっと休むね。ご飯の時間になったら教えて」

メレカは時間に気がついて「マリア、私もう帰るわね。晩御飯を作らなきゃいけないのに、たくさん時間を取らせちゃったわね」と言いました。

マリアは幸せそうに「昨日の夜のうちに作っておいたから、あとはサラダを作るだけよ。帰る前にあなたに良い物を見せてあげる」と言いました。

マリアはメレカを家のガレージのドアの所まで連れてきました。そしてドアを開けると、ガレージの片側に積まれた箱を指さしました。

「出版社からあなたの本が届いたのね！」メレカは嬉しそうに大声を出しました。

「そうよ。でも、それがあなたに伝えたかったことではないのよ」マリアが言います。「アウマクア先生が、今のあなたにも役に立つかもしれないことを、私に教えてくれたの。ビジネスを違ったやり方で行う方法よ。

昨日一人でこの箱を眺めていた時、私は売り込み方のこととか、本を売るために何をする必要があるのかということばっかり考えていたわ。とっても不安になって、アウマクア先生に相談に行ったくらいよ。先生は『売るために何かをする必要はない。どの本も、自分の持ち主になる人をもう知っているのだから』とおっしゃったわ。だから私は本に『あなたたちは自分が誰のもとへ行くか知っているのだから、その人たちに辿り着くための良い方法を私が見つけられるように手伝って』と話しかけたの」

メレカは深呼吸をしてから「なんて素晴らしいの、マリア！　私はもっと学ばなきゃ！　そういうことよね。もうどうしたらいいのか、分かったわ。危うく自分にやってきたチャンスを逃してしまうところだった。イエスって答えて、可能性に対してオープンでいるようにするわ。本当に、どうもありがとう！」と言いました。

メレカは、マリアの知恵と光を抱きしめるように、強めのハグをしました。２人はさようならをするためにドアの方へ向かって歩き出しました。マリアがドアを開けると、綺麗な鳥が羽を広げて巣から飛び立つところが見えました。

第6話

恐れないで、あなたは1人じゃない

朗らかな冬の午後、マルヒアの中央広場の周りには、カラフルに飾られた小さなテーブルが並べられていました。そこには、この小さな街を訪れる旅行客たちのために子どもたちが制作した絵や彫刻、その他さまざまな作品が展示されています。子どもたちの合唱団によるクリスマスキャロルが中央の舞台から広場中に届いていました。子どもたちのダンスグループは、自分たちの番を辛抱強く待ってスタンバイしています。今日が終われば学校は冬休みに入ります。マルヒアの子どもたちにとって1年中で最もワクワクする時期がきたのです。

保護者や教師がテーブルを回り、子どもを連れてマルヒアを訪れた家族たちと楽しそうにお話をしています。まるでみんな心の中で同じ休日気分を分かち合っているような、喜びに溢れた空気が漂っていました。

ウニヒピリは、クラスメイトのカミラと一緒にいました。2人は他のクラスメイトたちの作品と一緒にテーブルに載っている、自分たちの展示品の所に立っていました。すると、6歳の男の子とその母親が、2人の作品に惹かれて立ち止まりました。

母親がウニヒピリに「この砂浜の絵はあなたの作品？」と尋ねました。

「そうです。描いてからまだ1カ月も経っていないですけど」とウニヒピリは答えました。

「あなたの表現方法、とてもいいわね」と母親が言いました。「何に影響を受けて描いたの？」

ウニヒピリは喜んでその絵に描いた出来事について話し始めました。「ある日海で泳いでいたら、海を怖がっている男の子に出会ったんです。でも、その子はホ・オポノポノの教えを信じていました。だからその子は、心の準備ができたら海辺に立って『ありがとう、愛しています』って繰り返したんです。海が友達だって思えるまで。その日、その子は初めて海で泳ぐのを楽しめたんです」

ウニヒピリの話を聞いていた女性は、その男の子の嬉しさが分かるような気がしました。彼女は他の絵も見ようと歩みかけましたが、立ち止まってウニヒピリを振り返りました。

「あなたにもそういった経験があるの？」彼女はとても知りたそうに聞いてきました。

ウニヒピリは「海が怖くてってことならないですけど、他のことでならあります。そんな時は『ありがとう、愛しています』って何度も繰り返すと、怖さや問題を解決できるんです」

女性は今度はカミラの方を向いて「あなたはどう？」と尋ねました。

カミラは「あります。マルヒアの人たちはみんなそうです。私たちにとって一番大切な教えですから。あなたが今ウニヒピリと話していた間も、私は『ありがとう、愛しています』って繰り返していました。いつだって、何か解決しなきゃいけないことや記憶から消すべきことがあるんです。私たちが会話をしているこの瞬間も、偶然なんかじゃないんです」と答えました。

女性はまだ納得しきれていませんでした。他を回ってしばらくしてから、彼女はウニヒピリのところに戻ってきました。

その女性は連れている息子に聞かれないように小声で「私は深刻な問題を抱えているの。夫が一年前に殺されてしまって、頭からそのイメージが離れないのよ」と打ち明けました。

ウニヒピリは優しく「イメージが離れないのはあなたの責任です。そのイメージを手放そうとしないからですよ」と返事をしました。

ちょうどその時、ウニヒピリの母親のマリアがテーブルにやって来て、満面の笑みでみんなに挨拶をしました。ウニヒピリはマリアにハグをして、頬にキスをしました。

女性はマリアに「彼はあなたのお子さんですか？」と聞きました。

マリアは堂々と「そうです。ウニヒピリは私の息子です。この子はあなたのお子さんですか？」と返しました。

「ええ」女性は答えました。「この子はジョン。恥ずかしがり屋で、あまり話すのが好きじゃないんです」

男の子はマリアを意識して見つめていたものの、挨拶をする素振りはまったくありませんでした。

マリアは母親に「ジョン君とお話をしてもいいかしら?」と尋ねました。

「ええ、もちろん」母親はすぐに了承しました。

マリアは少年の視線の高さまでかがみこむと、優しく「こんにちは、ジョン君。あなたの手を持ってもいいかしら?」と話しかけました。

少年は答えず、真っ直ぐにマリアの目を見つめていました。マリアはとても穏やかに男の子の手を取り、優しく撫でました。男の子は嫌がりませんでした。

マリアはとても穏やかにジョンに話しかけました。「この場にいてくれてありがとう。私はあなたに教えてもらうことがたくさんあるのよ。でも今は、あなたに伝えたいことがあるの。いいかしら？」

ジョンはわずかに頷《うなず》いて、マリアが優しく話し続けるのを興味深そうに見つめています。

「あなたは決して一人きりじゃないわ。いつも神様があなたと一緒にいてくれるの」マリアは言いました。「神様がいれば大丈夫。神様っていうのは、愛や光のことよ。神様に話しかけてみて。神様はいつだって聞いているから」

マリアが少年にハグをすると、彼はマリアの首に手をまわしました。母親は、マリアが息子と信頼関係を築いたことに驚き、涙ぐみました。マリアは立ち上がり、彼女に近づきました。

マリアは心地良い温かさの声で「あなたが大丈夫になれば、ジョンも大丈夫になるわ。あなたの内にある叡智ともう一度繋がるために、外側ではなくて、内側を見るようにしていきましょう」と言いました。

女性は目に涙を溜めながら「あなたとウニヒピリにとても心を動かされました。彼は、私を悩ませているイメージが繰り返されてしまうのは、私の責任だと教えてくれたんです。今はその通りだって分かるわ。2人とも、ありがとう」と伝えました。

マリアは彼女に持っていたチラシを渡しながら「今度の土曜日にいらしてください。私が話をするのだけれど、きっとあなたの役に立つと思うの」と言いました。

小さなジョンは2人の女性の会話をしっかりと聞いていました。そして彼は振り返って、ほとんど聞き取れないくらいの声で話し始めました。

男の子の小さな声は「子どもも行っていいの?」と、そう言っていました。

マリアはもう一度しゃがむと「あなたが来てくれたらとても嬉しいわ、私の新しいお友達のジョン君。あなたは私たちにたくさんのものをもたらしてくれるっていうことが分かるの。ありがとう。愛しているわ」と言いました。

その時、舞台からドラムロールが聞こえてきて、トランペットが元気のいいメロディーを吹き鳴らし始めました。それを聞いて子どもたちが広場に駆け出すと、鳩の群れが飛び立っていきました。

そして何十もの風船が放たれ、空を明るい色でいっぱいにしました。ジョンは風船に向かって走って行き、その顔は満面の笑みで輝いていました。母親はマリアに会釈すると、急いで息子の後を追いかけていきました。彼女は、本来彼女がいるべき場所にいました。なぜなら小さな手につかまえられた風船のうちの１つが、そこで彼女のことを待っていたのですから。

第7話
気づいて、すべてのものがあなたに話しかけている

マルヒアの暑い夏の日々に終わりが近づいてくると、子どもたちは海が冷たくなる前にもう一度だけ水遊びをしたり泳ぐために、海辺に行きたがります。

マリアが運転している間、子どもたちは車の後部座席に座って興奮気味に歌ったり笑ったりしていました。助手席のメレカは子どもたちが選んだ曲の入ったCDをかけました。ウニヒピリと友人のカミラ、それにメレカの弟のカナニは、CDに合わせてとても大きな声で、そして調子外れに歌って楽しそうにしています。山道では急カーブのたびに同調して大げさに左右に揺られて、歓声を上げていました。

突然マリアが「みんな、前を見て」と呼びかけました。

山道を下りて行く車の中で、子どもたちは近づいてくる砂浜の美しい景色を見るために顔を上げました。そしてついに砂浜に着くと、子どもたちは車から飛び降りて水辺へと走り出しました。

マリアは親友に微笑みかけながら「みんなとっても楽しそう。来てよかったわ。誘ってくれてありがとう、メレカ」と言いました。

メレカは「私こそ！　一緒にいると、いつもたくさんのことを学べるの。来てくれてありがとう」と答えました。

2人は折りたたみ椅子とカバンを砂浜に運びました。そして子どもたちが水着になるために脱ぎ捨てた服の隣に椅子を置きました。とても澄み切った海で水遊びを満喫しながら、ウニヒピリ、カミラ、カナニは2人に手を振っています。

雲がほんの少しだけフワフワと浮かぶ紺碧《こんぺき》の空の下での、実に美しい午後でした。さわやかで穏やかな海風がこの季節の暑さを和らげ、リラックスした気分をもたらしてくれます。メレカとマリアは静かに水平線を見ていました。海への感謝を示しながら、2人は深呼吸をしていました。

数分後、マリアはメレカが目を閉じて、完全にリラックスしていることに気がつきました。マリアは、カモメの一群が完璧な調和で飛んでいる海辺を歩くことにしました。その間3人の子どもたちはボール遊びを楽しんでいました。

マリアは立ち止まって、手を空に向かって伸ばしながら声に出して「神様、自然と繋がっていられるこの平和なひとときを与えてくれて、ありがとうございます。あなたの偉大さと完璧さに敬意を示します。ありがとうございます。愛しています」と言いました。

喜びと感謝の気持ちの両方で目を潤ませながら、マリアはみんなの所へ戻り始めました。メレカは椅子に座ってマリアの本を流し読みしているところでした。

メレカは顔を上げて「マリア、私あなたの本、とても好きだわ。もうすぐ読み終わるところよ」と言いました。

「ありがとう、メレカ」マリアが答えました。「アウマクア先生の教えからインスピレーションを得てその物語を書いたのよ。だけどアウマクア先生の話してくれた話の中には理解できる範囲を超えすぎていて、この本に書けなかったものもたくさんあるの。私たちの心をオープンにさせ、自分が無知で何も分かっていないということに気づかされてしまう物語がね」

「心をオープンにする！　それこそ、先生が前に私にアドバイスしてくれたことよ。私が時々聞こえる声についてアウマクア先生に相談した時に」メレカが言いました。

マリアはメレカを勇気づけるように「その通りよ、メレカ！　アウマクア先生が話してくれた最高の物語には、声が聞こえるという先生が授かった才能についてのお話もあるの。先生はその才能をぐんと伸ばせたから、生き物ではない存在が話しかけてくる声も聞こえるようになったのよ」と言いました。

メレカは信じられないといった感じで「物が話しかけてくるの？」と聞きました。

「そうよ、メレカ」マリアが答えました。「すべてのものには命があることを思い出して。それは、私たちが身の回りの物に話しかけるということだけじゃなくて、物が私たちに話しかけていることを聞こうとすることでもあるの。ウニヒピリと私はその練習をしていて、たまに成功する時もあるのよ」

「マリア、1つでいいからそのアウマクア先生のお話を聞かせて」メレカは聞きたくてしょうがないといった様子で言いました。

マリアは話し始めました。「じゃあ、これまでで最高のお話から、2つ話すわね。

これはまだ先生がコンサルタントの仕事をしていた時に起こった話よ。ある日アウマクア先生はいつも通り家に帰って、靴を靴箱にしまおうとしたの。

でもそこで、靴が『いやだ、靴箱に入りたくない』って言うのが聞こえたのよ。先生は靴に『私はいつも仕事から帰ったら君たちをここにしまっているだろう？』と伝えたそうよ。でも靴はまた靴箱に入ることを拒んで、それよりもバルコニーに出たいって言ったわ。先生は折れて、靴をバルコニーに連れて行ったの。

でもね、彼らをバルコニーに置くためにドアを開けると、すぐに彼らが『だめだめ、バルコニーはやめよう。雨が降るから』と言ったのだそうよ。だから先生は空を見上げたけど、そこには雲一つ見えなかった。先生は靴に怒ったけど、靴は雨が降るから靴箱に戻してってお願いしたの。

アウマクア先生は言われた通りにしたそうよ。それから30分後に先生は、激しい雨が降り始めたのを驚いて見つめていたんですって」

マリアが2つ目のお話をしようとしたところで、水泳をしていた3人の子どもたちが走って戻って来て、2人の隣にドサッと座りました。子どもたちがおやつを欲しがったので、マリアが果物とアーモンドとクッキーでいっぱいのかごを渡すと、3人はそれぞれ好きな物を食べ始めました。

マリアはお話を再開しました。「今メレカにアウマクア先生の昔話をしていたの。ちょっと普通じゃ考えられないような話だけど、実際に彼に起こったことよ。あなたたちも聞いていてね」

マリアは次のお話を始めました。「ある日、アウマクア先生はいつものように、家に帰るために高速道路を運転していたの。でもその午後は、いつもの出口を出ようとした時に『もし僕だったら、この出口は使わないけどなぁ』っていう声が聞こえたそうよ。だから先生は『いつもこの出口を使っているんだよ』って答えたんだって。でもその声はまた『この出口は使わないよ、僕だったらね』と言ったの。でも先生はその声を無視して、いつもの出口に向かったわ。ところが驚いたことに、出口の先の方で大きな事故現場に出くわしてしまったそうよ。そうしたらもう一度『言ったでしょ』って言う声が聞こえたのよ。アウマクア先生は道路が通れるようになるまで、そこで2時間も待ったそうよ」

ウニヒピリは不思議そうに「アウマクア先生だけが声を聞くことができるの？」と聞きました。

マリアは「いいえ、ウニヒピリ。私たち誰もがそういった声を聞くことができるわ。たまたまアウマクア先生はとても多くの記憶を消去していたから、能力が完成されていたの。だからあなたも教わっているように、いつも『ありがとう、愛しています』を繰り返して、記憶を消去しておかなきゃね」と答えました。

「マリア、今の2つのお話はとってもヒントになったわ」とメレカが大きな声で言いました。「いつか私もあなたに、私に起きた同じような話をするようになると思う」

みんなが静かに座って、マリアの話したことについてじっくりと心の中で考えている間、マリアは穏やかに微笑んでいました。打ち寄せる波の柔らかな音と頭上を飛ぶ鳥の羽ばたきの音だけが聞こえています。

太陽は次の夜明けまで隠れるために、ゆっくりと水平線へと近づき、今年最後の海水浴に相応しい、完璧なエンディングをもたらしていました。

第8話　幸せとは気持ち

子どもたちは旅行客のツアーガイドという今日の使命をたった今終えて、公園に向かって走っていました。みんな一緒になって、楽しそうにマルヒアの街を流れる川沿いを走っています。公園では緑豊かな木の下で、ボランティアの大人たちが美味しいお菓子とジュースで子どもたちを出迎えていました。子どもたちは数時間の間、旅行客たちにマルヒアのさまざまな奇跡を伝えたご褒美を得たのです。

この子どもたちはマルヒアにまつわる話を一語一句違わず覚えています。記憶を消去して癒すメッセージを伝えてくれるこの地方の花と灌木《かんぼく》のあるエリア、色とりどり

の光が点滅する洞窟や、代々伝わる小人や妖精のさまざまな伝説も知っています。しかし何よりも、この子どもたちは多くの旅行客が尋ねる、マルヒアの街の人たち全員を満たしている幸せについての問いに対する明確な答えを知っているのです。自分たちもホ・オポノポノを実践することで、子どもたちはこの幸せの鍵は記憶のクリーニングだということを知っていました。

子どもたちは遠慮なくお皿をお菓子でいっぱいにして、川沿いの草原へ持っていきました。みんな水がのんびりと流れていくのを見るのが大好きでした。それは、内面に強さをもたらしてくれます。この場所で子どもたちは座ってお菓子を食べ、その日自分が出会った旅行客について話すのです。

メレカの弟のカナニが、今日体験したことを話し始めました。「今日は僕の言うこと全部に反論する、とっても頑固な男の人を案内したよ」

「そういう態度の時は、信じてもらおうとするのをやめてみるの。それでただ……」

カミラがクスクスと笑いながら答えました。「『ありがとう、ありがとう、ありがとう、ありがとう！』って壊れたおもちゃみたいに繰り返してクリーニングするのよ」

カナニが話を続けます。「彼が『どうやって幸せになる方法を学んだんだ』って聞いてきたから、ホ・オポノポノについて話したんだ。でも信じないんだ。自分から聞いてきたっていうのに。それから彼は、小さかったころ、母親が僕に何を教えていたのか知りたがったんだ。だからお母さんはいつも、僕の仕事は幸せになることだけだって言っていたよって教えたんだ。彼はとっても驚いていたよ。そして、君のお母さんは額に汗してお金を稼ぐことを教えるべきだったとか、何かそんなようなことを言ったんだ」

ケーキを頬張りながらウニヒピリが「カナニ、その人はお金が幸せをもたらしてくれるって教わって、その間違った順序でお金を稼ぐには、たくさんのことを犠牲にしなければいけないと信じているんだよ。僕らは、自分たちのするべき仕事は幸せになることだっていうことを知っているけどさ」と言いました。

ちょうどその時、川を下っている小型のボートが大きな警笛を鳴らし、子どもたちを驚かせました。ボートに乗っている人が2人、子どもたちに手を振って挨拶しています。子どもたちもすぐに飛び跳ねたり、口笛を鳴らしたり、大声で叫んで挨拶を返しました。

ボートが通り過ぎた後、ウニヒピリは母親の方へ行き「お母さん、僕たちのところに来て。聞きたいことがあるんだ」と言いました。

マリアは他の子どもたちの中心に座っているウニヒピリの隣に座ると、息子の話に耳を傾けました。

ウニヒピリは母親に尋ねました。「頭の固い旅行客に、マルヒアの人たちはみんな本当に幸せだっていうことを分かってもらうにはどうしたらいいの？　そういう人たちって、いつも正解が欲しくて聞いてくるみたいなんだ」

「あのね、本当に幸せな時って、どうしてそうなのか説明できないものなのよ」愛情を込めて息子の目を見つめながらマリアが言いました。「特別な理由もなく幸せでいるような感じかしら。それが私たちマルヒアの人間の目指すところよ。あなたたちの話に出てきた頑固な人は、幸せは自分の外側にいる人や物、きっかけを通して得られると思い込んでいるのよ。そういった人たちにとっては、幸せとは気持ちそのものだということを理解するのがとても難しいの」

「今度そういう人と出会ったら、マリアさんのところに話をしに行くように勧めることにするよ」カナニが笑いながら言いました。

大きくため息をついて、マリアが言いました。「いい、あなたたち？　誰かに私たちが幸せだっていうことを認めさせる必要はないのよ。みんな幸せを見つけられるかもしれないっていう希望を持ってマルヒアを訪れているの。心を開いてくれる人もいれば、そうでない人もいるわ。これはその人自身の選択なの。忘れないでね。できるって言えばできるようになるけれど、できないって言ってしまったらできなくなってしまうわ」

「でも、その人たちはもっと科学的な説明を聞いて納得したいのかもしれないわ」カミラが話に割って入ってきました。

「多くの科学者が幸せに関する論文を書いているわ」カミラのとても賢い見解に答えて、マリアが言いました。「もうすでに幸せは研究室で数値として計られているし、幸せがビジネスにもたらす影響の研究もおこなわれている、という論文を私も読んだことがあるの。さっきのお話にでてきたような旅行客は、そういう情報をインターネットで探そうとするかもしれないわね。でも、心配する必要はないの。みんな、自分なりのやり方で、自分なりのペースで見つけるものだから」

「今日私が見たことを話してもいい?」カミラが言いました。「私今日、男の子と、その子のことを強く抑え込むお父さんと一緒にいたの。男の子は幸せそうに右に左に走り回って、笑って遊んでいたわ。でも、お父さんがすごく厳しく『静かに、じっとしていなさい』って言うのよ」

「そのお父さんは、自分が求めている幸せを、自分の息子がただそこで表現していることに気づかなかったのね」間髪をいれずにマリアが答えました。「私たちはみんな幸せに生まれるの。幸せでいることが人間の自然な状態なのよ。アウマクア先生が『私たちはみな完全だが、私たちの記憶はそうではない』っておっしゃっていたわ。いろいろなタイミングで、私たちは多くのことを学び、信じるようになる。自分は多くを知っていると思い込み、自分なりのやり方を通そうとするようになり、そして、人として正しくあること、間違っていることとは何かを学ぶの。知らず知らずのうちに私たちは不幸せになり、何もかもが難しくなっていくの。自分たちにそういう物語を語り始め、そしてその物語を生き、信じ始めていくわ。これは自分のインナーチャイルドからどんどん遠くへ離れてしまう道で、生まれ持った幸せになる権利からも、私たちを遠ざけてしまう道なのよ」

ウニヒピリは同意しながら「だからいつも記憶を消去しようとしなきゃ。でしょ、ママ？」と言いました。

マリアは微笑みながら息子の方を向きました。「そうよ、ウニヒピリ。あなたのたった一つの仕事は、間違いは直して、幸せになることだけ、だということを忘れちゃだめよ。あなたが幸せで、平和な気持ちでいられると、あなたがまるで磁石になったかのように、物事がもっと簡単にあなたのところにやって来るようになるわ。幸せとは生まれ持った権利で、苦しみは自分で選べるオプションなの」

そう言うとマリアは立ち上がり、ブースで彼女のことを待っている大人たちのところへ向かって歩き出しました。もうすぐ、くじ引きの抽せん会が始まるのです。

その時リスが1匹やって来て、ウニヒピリの手からサンドイッチを1つ取り、素早く木の方に走り去っていきました。子どもたちはすぐに楽しそうに立ち上がり、後を追いかけ始めました。

リスとの追いかけっこの笑いが収まらないまま、少年たちはくじ引きが始まろうとしているブースへと向かいました。そんな彼らの到着を、大人たちのヤジと笑いと歓声が迎え入れました。それは自然と喜びの連鎖になり、みんなの拍手、歓声、そしてお祭りの音楽のリズムに合わせたダンスへと繋がっていきました。

第9話　特別なヒーラー、モーナ・シメオナ

アウマクア先生を訪ねるために、ウニヒピリとメレカと一緒に出かけていたマリアは、今日の夕方はきっと温かい紅茶がピッタリな寒さになるだろうと思いました。マリアはアウマクア先生のお気に入りの紅茶を知っていたので、道中で買うことにしました。お店に着くと、マリアはその紅茶を探し始めました。

「アウマクア先生にクッキーを持って行こうよ」とウニヒピリ。

マリアは「じゃあ、あなたが選んであげて」と答えました。

マリアはレジに行くと、ウニヒピリが3種類のクッキーを持っていることに気づきました。チョコレート、オートミール、そしてジンジャー。ウニヒピリはいたずらっぽく母親を見て、母親の言葉を待っています。

マリアが眉毛を上げながら「じゃあ、取引をしましょう。1つはアウマクア先生のために選んで。そしてもう1つはあなたのために選ぶ。でも、残った1つは棚に戻していらっしゃい。どうかしら？」と提案すると、

「交渉成立、ママ！　まだ家にもたくさんクッキーがあるもんね」とウニヒピリが答えました。

メレカはそんな2人に笑いかけて「私のおばあちゃんはよく私たちに、食べ物は見た目じゃないのよって言っていたわ。実際にキャンディーを一度に食べ過ぎてお腹が痛くなるまで、どうしてなのか分かっていなかったけどね」と言いました。

3人はその後も心の中で「ありがとう、愛しています」と繰り返しながら、アウマクア先生の家に向かいました。メレカとウニヒピリは、大先生と一緒に過ごす時間が楽しみでしかたありません。アウマクア先生の愛弟子であるマリアのお願いで、2人はアウマクア先生に会うことができるのです。

3人がアウマクア先生の家に着くと、先生はそれぞれに親愛の情を込めたハグと挨拶をしました。それから4人は大きな窓のある、居心地の良い部屋へと入りました。アウマクア先生は楽な姿勢で座るようにと、みんなに椅子を勧めました。

マリアは紅茶の箱を出して「先生の好きな紅茶を買ってきたんですよ。今いれましょうか?」と聞きました。

「是非とも今いれておくれ」とアウマクア先生が答えました。「ありがとう、マリア。みんなも一緒にどうだい?」

ウニヒピリは嬉しそうに「はい、もちろんです！　ジンジャーブレッドクッキーも買ってきたんです。お好きですか？」と返しました。

アウマクア先生は頷きながら「とても大好きだよ。どうもありがとう、ウニヒピリ」と言いました。マリアはそれを聞きながらキッチンへ行きました。メレカはアウマクア先生とのこの特別な時間を満喫することにしました。そこでまずは、アウマクア先生への尊敬の気持ちを伝えることにしました。

「メレカ、私は君と何も変わらないんだよ」アウマクア先生が言いました。「神は万人を平等にお創りになられた。私たちの違いは、ただ私の方が長年記憶をクリーニングし続けているということだけだよ。私はモーナ先生に教わってからずっと続けているからね。つまり、私は君が生まれるずっと前からクリーニングをしていることになるね」

「モーナ先生についてもっと教えてください。彼女のことを少しは聞いたことがあるけど、あんまり知らないんです」このチャンスを逃さないようにメレカが言いました。

「モーナはとても特別で、素晴らしい人間だったよ」アウマクア先生が答えました。「でも、多くの人には彼女は変わった人に見えていたね。私だって彼女のもとで学び始めた時は、ちょっとおかしいかもしれないって疑ったくらいだよ。ある日、彼女の家で、台所に侵入してきた何匹ものアリに話しかけている姿を見たことがあってね。モーナはアリに向かってきっぱりと『私が仕事から帰ってきた時には、もうここからいなくなっていてちょうだいね。じゃないとあなたたちを駆除しなくちゃいけなくなるの』と言ったんだ。数時間後に家に戻ると、アリが一列に並んで去っていくところだったよ。数分後、キッチンにはもうたった1匹のアリも残っていなかったんだ」

メレカが興奮した声で「彼女はすごい力を持っていたんですね!」と言いました。

アウマクア先生は「私たちはみな、この力を持っているんだよ。隠している人もいるし、これを良くない力だと思ったり、普通じゃないと考えたりする人もいる。あまりにも多くの人が、周りに理解されないことを怖がり過ぎて未知なことを探究しようとしない。変わっている、おかしい、と思われることが怖いんだね。君だってもう声を聞く力を成長させ始めているね。その気になればその力をこのまま成長させることもできるし、失うことだってできる。君次第なんだ」と返事をしました。

マリアが部屋に戻ってきて、紅茶とカップの載ったトレーをコーヒーテーブルの上に置き、紅茶を注ぎ始めました。それから、彼女も会話に加わりました。

「最近、モーナ先生のお弟子さんから、アウマクア先生が数カ月間モーナ先生のお家に住まわれていた時のことを聞きました」マリアは思い出すように言いました。「モーナ先生のお庭の花があまりにも綺麗で、近所の人たちはどんな庭師を雇ったのかって尋ねていたって。もし本当のことを言っていたら、その人たちはとても信じなかったでしょうね。ただモーナ先生が話しかけ続けたことで、お庭の花たちが咲き誇っていただなんて」

アウマクア先生は頷いてマリアの話を肯定し、静かな、心のこもった声で言いました。「彼女は偉大なヒーラーだった。でも、彼女の診療はとても変わっていてね。誰かが診てもらいたいと訪ねて来ると、モーナ先生はいつもまず、何があって診療に来るに至ったのかを話すように言うんだよ。相手が話し始めると、モーナ先生は机の引き出しを開けて物を取り出し始め、それを何もない机の上に置くんだ。目の前にいる人を見もしないで、まったく気にしていない感じでね。彼女はただ引き出しを開けて、物を取り出して、それを机の上に置くだけだった。

でもその診療時間のどこかで、相手は唐突にモーナ先生に感謝して、もう大丈夫になったって言うんだ。診療が終わった頃には、机は先生が置いた物でいっぱいになっていて、相談相手はすっかり良くなって帰っていくんだよ。モーナ先生がやっていたこのクリーニングのテクニックは、とても強力なものだったね」

ウニヒピリが不思議そうに「どうしてモーナ先生は引き出しを開けて、物を取り出して机に並べていたのですか？」と質問しました。

「彼女はクリーニングをしていたんだよ、ウニヒピリ」アウマクア先生が答えました。

「彼女は物事を手放して、直接神様に働きかけていたんだ。その人のために、自分の中の何をクリーニングすれば良いのかを神様に尋ねてね。目の前にいる人は問題を抱えて彼女のところにやって来た。モーナは自分の責任を100%受け入れたんだね。『ごめんなさい。私の中にある、この状況を創り出したものを許してください』と言うことで、漂っている神聖なエネルギーが直ちにやって来て、記憶を消去してくれるということを覚えておきなさい。

そして、その時に消去されたものは、家族や親戚、先祖はもちろん、すべての人からも消去される。私たちはみな共通の記憶を持っているから、モーナからすれば、人々は彼女がそれらの記憶を消去できるように診療にやって来ていた、ということだね」

アウマクア先生はカップを持ち、目を閉じて、ソファに優しくもたれながら紅茶を飲みました。マリア、メレカ、ウニヒピリの3人は、部屋を満たしている穏やかで愛に溢れたエネルギーを、ただ静かに満喫していました。

第10話 インナーチャイルドはあなたの親友

マリアのお気に入りの運動は、公園に沿ってアップダウンのある小道を毎日元気に歩くことです。30分ほど歩いた後は、鼓動が少し早くなり、血色の良くなった頬を汗が流れるのが感じられます。マリアは、葉がよく茂った木々の根元にあるベンチの方へと向かって、ゆっくり歩きました。

達成感を覚えながら、マリアは近くの水飲み場で水をたくさん飲みました。そして喉の渇きを潤わせながら「ありがとう、愛しています」と繰り返しました。それから日陰に座り、目を閉じて、ゆっくりと深呼吸をしながら、マリアは自分自身の内側へと集中し始めました。穏やかで、完全に神様と繋がれる場所から、マリアは彼女自身の中にいる神様へと通じました。

「素晴らしい自然の中を歩くことができるこの場所と、宇宙全体、そして自分自身に繋がることができるこの新しい機会を与えてくれたことに感謝します。ありがとう、愛しています」マリアは深く呼吸をしながら言いました。

それからマリアは、まるで自身の周りの物すべてが以前よりも色鮮やかになったかのように感じながら、目を開きました。自分自身のスピリットと再び繋がり直す喜びを感じていると、力強いエネルギーがマリアの身体に満ちていきました。マリアは、自分のインナーチャイルドと話をすることにしました。穏やかに、そして優しく。

「こんにちは、大切なあなた」マリアは呼びかけました。「一緒に歩いてくれて、そして私の身体をちゃんと動かしてくれて、ありがとう。私がいくつもの人生で積み重ねた記憶を解放するのを助けてくれてありがとう。この後は家に帰って、お風呂に入ったら、ウニヒピリを探しに中央広場へ行きましょう。私は、あなたのことが大切よ。いつも忍耐強くいてくれて、ありがとう。静かに待っていてくれて、ありがとう。愛しているわ!」

その時ふいにマリアは、若い2人組が立ち止まって、彼女のことをじっと見ていることに気づきました。それは、ちょうど公園でのジョギングから戻ったばかりのメレカと、その友達のケオニでした。嬉しさと驚きを感じながら、マリアは立ち上がって2人に挨拶をしました。

メレカはマリアにハグをして頬にキスをすると、すぐに「マリア、こちら、私の友達のケオニ。前に話していた、オンラインの動画チャンネルを持っている人っていうのが、彼よ」と友人を紹介しました。

「お会いできて光栄だわ、ケオニ」マリアは握手をしながら言いました。

「こちらこそ、マリアさん」ケオニが答えました。「あなたのことはよく聞いていま
す」
「彼はもう、あなたが私のインスピレーションだっていうことを知っているの」メレ
カは親愛の情を示すようにマリアに腕を回しながら言いました。「あなたが自分自身
に集中しているのを、立ち止まって見ていたの。まるで外側の世界なんて存在しない
かのように今現在からかけ離れて、穏やかだったわ」
「いつでも、どこでも自分のインナーチャイルドとお話しできることは知っているで
しょう?」マリアは言いました。「シャワー中でも、職場でも、ベンチでの休憩中で
もいいの。大切なのは、その存在を認識して、放っておかれていないとインナーチャ
イルドに安心してもらうことよ。さっきあなたたちが私を見ていた時、私はまさにそ
の最中だったのよ」
「実は、僕はまだ、日頃からインナーチャイルドに話しかけるということが習慣には

なっていないんです」ケオニが赤くなりながら打ち明けました。

「今から伝えることに気づくことができれば、できるようになるわよ」マリアが話し始めました。「インナーチャイルドこそが、あなたのすべての記憶を持っていて、ホ・オポノポノで神様と繋がる存在だということに気づくと、いつでもあなた自身のインナーチャイルドに話しかけられるようになるわ。彼や彼女があなたの一番の理解者で、あなたの人生の物事を実際に引き起こしているのもインナーチャイルドなの。そうそう、あなたが男性でも、インナーチャイルドは女の子だっていう可能性があることも忘れちゃだめよ」

「私は眠る前に話しかけているわ。彼女と一緒に丸まって寝て、素敵な言葉を伝えるのが大好きなの」メレカが言いました。

「正解、不正解なんてないのよ」マリアが言います。「ただあなた自身のインスピレーションを信じて、自分に一番合った方法を見つければいいの。例えば、アウマクア先生は、朝起きたらすぐに長い時間座ってインナーチャイルドと話をしているって言っていたわ。先生は、その日の予定を全部彼に伝えて、彼にホ・オポノポノのツールを思い出してもらっているの。インナーチャイルドも、何か起きた時に『ありがとう、愛しています』って言うことができるようになるのよ。ふふ、なんだかセミナーみたいになっちゃったわね。もう子どもを迎えに行かなくちゃいけないから、今日はここまでね」

「本当はまだあなたと、この話を続けていたくてしょうがないよ、マリアさん」ケオニが言いました。

「またチャンスはあるわよ」マリアが答えました。「あなたがメレカのお友達なら、もうあなたは私の人生に関わっているんだもの」

マリアは2人のことを優しく抱きしめました。そして、お風呂に入ってからウニヒピリを探しに行くために、急いで帰りました。

同じ頃、中央広場では、ウニヒピリとカミラが、マルヒアを訪れていた2人の子どもたちと熱心に語り合っていました。その子たちの両親は、邪魔しないように立って彼らの話を聞いていましたが、その様子は、なんだか驚いているようでした。

ウニヒピリが言ったことをしっかりとは理解できていないまま、兄弟の弟の方が言いました。「つまり、君はずっと『ありがとう、愛しています』って繰り返しているってこと？　遊んでいる時も？」

「そうだよ。ご褒美がもらえるゲームみたいなものなんだ」とウニヒピリが答えました。「繰り返せば繰り返すほど楽しくなるし、幸せになれるんだ」

ウニヒピリの話を理解した様子の兄が「夜ベッドで寝ている時も？」と聞きました。

「寝ている時はインナーチャイルドが繰り返しておいてくれるのよ。インナーチャイルドはずっと寝ないで起きているの」今度はカミラが答えました。「私はベッドに入る前に、ホ・オポノポノのメッセージを聞くのがお気に入りなの。そうすると良い夢が見られるのよ。魔法みたいに効くんだから」

その後、カミラがボールを使ったゲームを始めるために走り出すと、ウニヒピリは兄弟を遊びに誘いました。2人はカミラに追いつくために走り始めました。それからウニヒピリがルールを説明して、数分後には4人の子どもたちは一緒に笑い合いながら、走りまわっていました。自然と生まれた子どもたちの繋がりの中には、確かな喜びと情熱が広がっていました。彼らの両親は、喜びに満ちた友情が広がっていくことに気づき、子どもたちが遊びながら交流する様子を見ていました。そして、彼ら両親の心にも幸せが満ちていくのでした。

あなた自身のインスピレーションを信じ、あなた自身にとって何が一番良いのかを見つけることが大切です

第11話　すべての物事は未知でできている

マルヒアで一番高い山から見ると、マルヒアの街は平穏そのものでした。夜が明ける直前のこの瞬間は、何もかもが静かでした。街の人たちは家の中にいて、通りには誰もいません。メレカとケオニは、山の頂に登る道の途中で、この平和な光景を見下ろしていました。

2人が山頂に着くのと同時に、太陽の最初の一筋が繊細に地平線から顔を覗かせました。2人は、マルヒアの谷を最も離れたところから見ることができる場所を探して、ここに登ってきたのです。じきに谷は、つむじ風のように旋回しながら街へとやって来る旅行客の到着で活気づくでしょう。でも今は2人とも、誰もが幸せに生きるこの恵まれた街の、穏やかで平和な景色を静かに見ることができました。心の中で「ありがとう、愛しています」と繰り返しながら。解放して手放しながら、神様がなすべきことをなせるように。

やがて早朝の太陽が周りを起こし始めました。鳥は元気にさえずりながらせわしなく飛び回り、木々は朝のさわやかな風のリズムで少しだけ揺れます。メレカとケオニの目の前には、想像すらできなかったほどの、音と景色が調和したオーケストラが広がっていました。

「私を誘ってくれてありがとう、ケオニ」メレカが言いました。「心奪われる景色ね。最後に山頂まで登ったのは、もう何カ月も前のことよ」

「ここは僕のお気に入りのハイキングコースなんだ」ケオニが答えました。「それと、カイのね」愛情を込めてボクサー犬を軽く叩きながら、ケオニは付け加えました。

「確かに、カイは私たちよりもこのハイキングを楽しんでいるわね」メレカが言いました。「彼が何もない場所をずっと見つめているのを見てそう思ったの。まるでカイには妖精か天使が見えているみたい」

「カイは僕にとって素晴らしい先生なんだ」ケオニが同意しました。「彼の心の純粋さと、物事を受け入れる天性の才能が欲しいって思うよ」

犬を腕で包み込みながら、ケオニはカイに「僕の人生にいてくれて、ありがとう。愛しているよ」と伝えました。カイも優しくケオニの顔を舐めてそれに答えました。

2人と1匹が山を下りていると、もう旅行客が大勢街にやって来ているのが見えました。彼らはマルヒアの美しさを讃えて、手にしたカメラで周囲の壮大な景色を撮影しています。

メレカたちが街に戻ると、元気に走り回って遊んでいる子どもたちに会いました。その中の１人が、手に細い木の枝を持ってカイに近づいてきました。その少年は謎めいた声で犬に話し始めました。

「これは魔法の杖なんだ」彼は言います。「僕についてくるように催眠をかけるよ」

カイは従順に少年を見つめていて、まるで催眠にかかったふりをしているかのようでした。メレカとケオニはそれを見て静かに笑っていました。少しすると少年の母親がやって来ました。そして子どもの腕を強く摑んで叱りつけました。

「マイケル、すぐにこっちにきなさい」母親は子どもに強く言いました。そしてメレカとケオニに向かって「ごめんなさいね」と言いました。「この子は本当に落ち着きがなくて、私のそばにじっとしていられない時があるの」

「謝ることなんて何もありませんよ」とメレカが返事をしました。「彼はただ頭を使って、楽しい遊びをしていただけですから。子どもって自然に備わった知恵を持っていて、それがたまに私たち大人を少し困らせることもありますよね」

母親はメレカの言葉に惹かれ「あなたはここに住んでいるの？」と聞きました。

「ええ、私たちは2人とも、生まれた時からここに住んでいるわ」メレカが答えました。

「お会いできてよかった」母親が言いました。「ここで実践されているホ・オポノポノというテクニックのことで、マルヒアの人に会いたいと思っていたの。ビジネス向けの内容も何かあるのかしら？」彼女は名刺を取り出してメレカに渡しながら聞きました。そして「私はマーケティングの会社を経営しているの」と続けました。

「初めまして。僕はケオニで、彼女はメレカ。ホ・オポノポノは人生のあらゆる分野に効果がありますよ。もちろんビジネスにも」

「でも、スピリチュアルな物事が、どうビジネスに関係あるのか分からないのよ」女性がそう言いました。「ホ・オポノポノは、人生のプライベートな部分にこそ合っているように思えて」

「スピリチュアルという言葉が少し難しくさせているのかもしれませんね。どうしても宗教などと関連付けて考えてしまうから」メレカが言いました。「これほど本来の意味から勘違いされている物もそうそうないかもしれないわ。スピリチュアリティーとは、私たちよりも遥かに大きなもので、神の宇宙の善意との繋がりのことなんです。これがプライベートとビジネスのどちらにおいても、人生の中で成功を求め、引き寄せ、創り出すのに一番重要な基盤なんです」

「僕の父はとりわけビジネスで大成功しています」ケオニが後を受けます。「ハワイ中の異なる都市でいくつかの旅館を経営していて、そのどれもが繁盛しています。ホ・オポノポノこそが仕事で成功するための鍵ですよ。僕もちょうど、自分で小さな事業を始めました。オンラインの動画チャンネルです。今のところ思った通りに順調に進んでいて、僕はとても満足していますよ」

「でも、もし私がビジネスパートナーたちにこのテクニックを実践する必要があるって伝えたら……」女性が言います。「彼らは私がおかしくなったって思って、きっと聞き入れないわ！」

「でもね、もしあなたがここの住人なら、あなたが自身のスピリチュアリティーと繋がっていない限り、逆に誰もあなたを雇わないわ」ケオニが断言しました。「だって、それこそがビジネスで成功するための基礎ですからね。他にもいくつか例がありますよ。例えば、第二次世界大戦の後に日本で起きたこととかね。高度経済成長として知られているあの国の経済復興が、スピリチュアルな要素がいかに大きな影響を及ぼすのかを証明しています。きっとあれは、自分たちの運命に投影された信念、信条、それにポジティブな思考だったのかもしれないし、もしかしたらただ単に、自分たちにネガティブな運命を伝え続けていた記憶を手放しただけなのかもしれませんね」

女性はメレカたちと並んで、芝生の上に腰を下ろしました。彼女の息子は引き続きカイに向かって魔法の練習をしていて、カイも楽しそうに一緒に遊んでいました。

まだ完全には納得していない女性が続けます。「このテクニックは何に基づいているの？　どういう原理なの？」

「マリア先生という方が、それをとても分かりやすく説明してくれたことがあるんです」メレカが言います。「私たちがこの物質世界で見ている物はすべて、私たちが見ることも触ることもできない未知、不可解、そして空虚からできているんです。私たちはただ、思考によってすべてを具現化しているんです。神様や宇宙、それに光と一緒に創造しているんです。何かが存在するには、それが何であれ、まずは思考から始まります。だからこそ、私たちは自分自身の思考にとても気を付けていなければいけないんです。思考はとても強いパワーを持っているから」

「ホ・オポノポノでは、インスピレーションを創り出すのを邪魔する記憶や相反する信念を消去して、神様がビジネスを運営できるようにするんです」ケオニが話をまとめました。

この旅行客はメレカたちの言葉を注意深く聞き、理解しようとしていました。そして何かが彼女の精神と心に響いたようでした。彼女はカイと一緒に遊んで笑っている息子を見ているうちに、穏やかな笑みを浮かべていました。太陽の光が顔に触れたのを感じて、彼女は向き直りました。目を閉じて、新しい平和と理解とともに、この瞬間の喜びを感じていました。

第12話　不安を手放せば、奇跡が起こる

夏の朝の太陽が、ウニヒピリの寝室の窓からそっと忍び込んできました。でも、ベッドの隣の床に立てた小さなテントの中で寝ているウニヒピリには届きません。寝ぼけたままのウニヒピリは、ドアの外から呼びかけるマリアの声を聞いた気がしました。

「さあ、もう起きる時間よ」マリアがドアを優しくノックしながら言います。

「まだ眠いよ」ウニヒピリは伸びをして、あくびをしながら言いました。

マリアが部屋に入ってきて、かがんでテントの中を覗き込みました。ウニヒピリは急いで目を閉じると、寝ているふりをしました。マリアはテントの中の様子を見て微笑みました。電池式のランプ、数本の色鉛筆と床の上に積み重なった3冊の本。その上にはウニヒピリが昨夜書き終えられなかった絵が残っています。マリアは少しの間、寝袋の上に横になっている息子を愛おしげに見つめました。

それからマリアはしゃがむと、ウニヒピリの耳に優しく囁きました。「世界一美味しい青紫パンケーキの苺添えを、昨日の夜から何も食べていない才能溢れる少年のために作ったんだけどな」

ウニヒピリの目がパチッと開きました。急いで起きあがって座ると「もうできているの？」と聞きました。

マリアは心から笑い、ドアに向かって歩き始めました。「ええ、できているわよ。でも、本当によく効く目覚まし時計だこと」マリアはため息をつきながら言いました。

「さあ、起きて。あと30分もすればメレカが迎えに来るわよ」

ウニヒピリは眩しい笑顔で「ママ、ありがとう！　愛しているよ！」と答えました。

マリアの家へ向かう車の中で、メレカとケオニは楽しく話をしていました。メレカの弟のカナニは、後部座席で2人の会話を聞いていました。みんなマリアとウニヒピリと一緒に週末を過ごすのを楽しみにしていて、マルヒアのはずれにある父親のホテルに行こうと提案したケオニは特に大興奮でした。

「父さんはそのホテルをハウオリ（幸せ）って呼んでいるんだ」ケオニが説明します。
「あれは父さんが最初に建てたホテルだから、父さんのお気に入りなんだ。父さんがずっと、週末も働いていたのを覚えているよ。僕はとても小さかったけど、父さんが何を犠牲にしていたかを見ていたよ。でもそれが父さんの夢で、夢中になれることをやっているんだって分かっていたよ。父さんは決して文句を言わなかったし、不安にもなっていなかったな。ただ手放して、神に委ねたんだ」

メレカが尋ねました。「その前は、お父さんは何をしていたの？」

「とても有名な企業の弁護士をしていたよ」ケオニが答えました。「父さんは、心がすべきと言ったことを実現するために、会社から提案されていた経済的な保証を捨てたんだ。全ての貯金を最初のホテルの建設に注ぎ込んだんだよ。あまりビジネスのことも知らないままね。自分の直感と神様を信じていたんだ」

やがて車はマリアの家に到着して、ドアの前ではマリアとウニヒピリがみんなの到着を待っていました。みんなは幸せそうに挨拶をすると、２人のカバンをトランクに積みました。ウニヒピリは後部座席にいるカナニの隣に素早く乗り込むと、新しく買ってもらったゲームを見せ始めました。マリアはケオニに招待のお礼を言い、みんなは楽しくハウオリを目指して出発しました。

彼らがホテルのレストランに到着すると、ケオニのお父さんのアリカが、ホテルに

1週間滞在しているカップルと話をしていました。彼らはホテルと、その周りの自然の美しさを満喫していました。ちょうど近くの海食洞を見に行ってきたカップルは、洞窟の中にある滝の素晴らしさについて語っていました。

「この場所にハウオリを建てた理由の一つがまさにそれなんですよ」アリカが彼らに言いました。「当時、多くの人が私のことをクレイジーだと言いました。ここには観光客の興味を惹くものなんかないってね。でも、私は気にしませんでした。私の中にいる何かが、夢中になれることをやればいいと、あの時であれば、奇跡の海食洞の近くで、マルヒアからも近いところに美味しい料理と綺麗な装飾品がある居心地の良いホテルを作れば、成功するって言っていたんです」

カップルの女性の方が「もし間違えていたらどうしようって心配にならなかったんですか？」と聞きました。

「その通り。心配しなかったから、何もかもが簡単に上手くいったんです。ご覧のとおり、素晴らしい結果になったでしょう？」アリカが答えました。

まだ納得がいかない女性が「でも心配しないなんてありえるかしら？　どうやったらそうできるんですか？」と続けました。

「私はただシンプルに、心配しないことを選んだだけですよ」アリカが答えました。「自分の中の一部が心配したくなるのに気づくと、空を見上げて神様に『あなたは私が何をしなければならず、何を必要としているかをご存じだから、私の方は心配しません』と話しかけたんです。それと、いつも心の中で『心配しない、心配しない』と繰り返していました。私は、心配が奇跡や神の行いを目の当たりにするのを邪魔する障害物だ、ということを学びました。奇跡は、私たちが心配していない時に起こるのです」

「それを実践するのはとても難しいわ。特に金銭的な問題を抱えている時にはね」女性が言いました。

「私はお金の問題を抱えたことはないんです。なぜなら手放して、信じるからです」アリカが続けます。「経営危機に陥る可能性は高かったし、私は成功の保証もなく全貯金をこのビジネスに投資しました。でも、奇跡が起き始めたのです。ある日突然銀行から、あなたのローンを50％減額することになりました、という手紙が届くことを想像してみてください。こちらからお願いしたわけでもなく、銀行が負債を減額してくれたんです。まさに奇跡でした！」

息子が到着したのを見て、アリカは立ち上がり、お客さんにことわって席を外しました。彼は息子に向かって歩き、ハグしてから、マリアとメレカ、そして少年たちに自己紹介をしました。

「ようこそ、私のホテルへ」アリカが言いました。「ご来館ありがとうございます。まずはぜひ館内を楽しんできてください。お話はその後にしましょう」

大人が周囲の景観の美しさを楽しんでいる間に、子どもたちは素早く走って遊びに行きました。大人たちはハウオリの静穏さに心を奪われていました。すべての調度品、装飾、そして植物が神の手によって配置されたかのように、平穏さと幸福感を発していました。

あなたは私が何をしなければならず、何を必要としているかをご存じだから、私の方は心配しません

第13話　手放して信じれば、すべてが簡単になる

ハウオリは、魅力的で平穏な宿泊先です。ケオニの父親、アリカにとって夢だったこの美しいホテルは、実際に訪れる人たちに平穏と幸福をもたらしています。

魔法のようだった昼が、美しい夜へと変わると、宿泊客は部屋へと戻ります。アリカにとって、息子とその友人たちともう一度会うには完璧なタイミングでした。よく晴れた夜空の下、星々の光を浴びながらホテルのポーチに腰を掛けて、彼らはおしゃべりをしました。

ケオニがいくつかの星座についてみんなに知識を披露しました。子どもたちは魅せられたようにケオニが説明するのを聞いていました。北斗七星や南十字星を空に見つけることができると、子どもたちは大喜びしました。

「ケオニが子どもだったころ、ちょうどここに一緒に座っていたことを思い出します」とアリカが言いました。「当時はただの小さなロッジだったけれど、私たちはとても楽しく過ごしていました。息子の幸せな顔を見ることで、夢を追いかけるために自分が取ったリスクを正当化できていたんです」

「この仕事に進む前は、あなたは優れた弁護士だったとケオニから聞きました」とメレカが言いました。

「ええ」アリカはため息をつきました。「みんなに、おかしくなったと言われましたよ。欲しい物はすべて持っていたんです。でも妻の死後、人生にぽっかり空いた穴を感じるようになりましてね。それは妻が死んだことだけではなく、他にも何か足りていないような感じでした。私は、人生はいつ終わるかもわからないということ、だから自分を完璧に幸せにしてくれる物事で人生を満たす必要があるということに気づきました。そして、ホ・オポノポノでクリーニングをして手放していく中で、大きな変化を起こすことに自信を持てるようになったんです」

「ホ・オポノポノの教えは神の恵みですもんね」マリアが言いました。

「その通りだね、マリアさん」アリカが答えました。「そうじゃなければ、私は何年も弁護士としてやっていられなかったと思うよ。ホ・オポノポノを実践していたから、自分からクライアントを探さなくても、向こうからやって来てくれていたんです。彼らが私のオフィスに辿り着くだけではなく、いつもちゃんと期限通りに支払いをしてくれていたのもそうです。クリーニングして手放すことで、私はたくさんの面白い体験をしました。例えば、私がもっとこのクライアントと話さなければいけないと思った時に、ちょうどその後面会予定だったクライアントから、別日に変更したいと電話がかかってきたりね」

「神様を最優先にすると、そういうことが起こりますよね」マリアが同意しました。

「神様がその御業《みわざ》をなされるようにするために、私たちはクリーニングをして手放す必要があるんです」

「私が法律の仕事を辞めて、ホテルを建てるという夢を追うことを決めた時がまさにそうでした」アリカが答えました。「手放して信じたのです。その決断をすると、すぐに扉が開き始めました」

ケオニは子どもたちが疲れ始めているのを感じました。そこで子どもたちに、もう休む時間だから、プラネタリウムに来たときにはたくさん星を見せてあげると約束して、眠るように言いました。子どもたちはおやすみなさいと言い、マリアとメレカも子どもたちを部屋に連れて行くために立ち上がりました。アリカはみんなに楽しい時間のお礼を言うと、ケオニの隣の椅子に落ち着きました。２人とも穏やかに海を見て、波が暗闇の先にある海岸に触れる心地良い音を聞いていました。

翌朝、みんなはホテルのレストランで再会しました。新しい夏服を着たマリアとメレカは、まばゆいほどに綺麗でした。さりげなく花が飾られただけのシンプルなテーブルに着いて、みんなは美味しい朝食を楽しみました。子どもたちは海食洞に行くのが待ち遠しくて、その気持ちを隠し切れません。他の宿泊客たちへの挨拶を終えると、アリカとケオニも食卓に加わりました。

「洞窟の中にある滝なんて、想像できないわ」とメレカが言いました。

「メレカ、写真で見たことないの?」興奮しているウニヒピリが聞きました。

「実はね、ないのよ」メレカが答えました。「でも、話を聞いて想像したら、そこに行くのが楽しみでしょうがなくなってきたわ」

「僕は滝の下に立って、滝に打たれてみたいな」カナニがとても嬉しそうに言いました。「前に映画で見てから、一度はやってみたいと思っていたんだ」

「いくつか安全上のルールがあるから、ガイドの指示は守らなきゃいけないよ。たぶんカナニはカヤックに座って滝に打たれることになるだろうね」ケオニが面白がって言いました。

「アウマクア先生が、あのエリアには小鬼がたくさん出るって言っていたわよ」マリアが笑いながら付け加えました。「もしかしたら洞窟の中で見つけられるかもしれないわね」

それを聞いたアリカが驚いたように「君の先生は、アウマクア先生なのかい？　素晴らしい名誉だね。昔、彼のセミナーに参加したことがあるんだが、彼の叡智に衝撃を覚えたよ」

「先生と学び始めてから、自分が思っていたほど物事を知ってはいなかったと気づかされました」マリアが答えました。「彼の話は私の心を開き、何もかもを、これまでと全く違った見方で見られるように導いてくれました。そして何よりも、謙虚になれました。私たちは賢くなることはできるけれど、叡智とは遥かにそれ以上のものだということが分かったんです」

「アウマクア先生は、素晴らしい女性の大先生の下で何年も学んだんでしたね」

「ええ。彼女の名前はモーナよ」マリアが言いました。「彼女はホ・オポノポノの先生たちの先駆者なんです。彼女の下で学ぶと決めるまでに、アウマクア先生は何回か彼女のセミナーに通ったそうですよ。なぜなら、当時アウマクア先生は、モーナ先生を少しおかしいんじゃないかと思っていたんです。

でも、実の娘にヒーリングを施してもらって、彼女の叡智に納得したんです。娘さんは小さい頃から辛い痒みをともなう発疹を患い、よく出血もしていて、夜も泣いて起きてしまうほどだったそうです。

何年もの間、どの医者も原因が分からなかったのに、モーナのオフィスに行った後、発疹が完全に消えてなくなったんです。モーナ先生が、ホ・オポノポノの100％の責任を負うという教えのクリーニングを行い、子どもを癒したんです」

朝食を食べ続けながら、みんなはホ・オポノポノのクリーニングの体験を話し始めました。子どもたちも話に加わっていましたが、すぐに落ち着きがなくなり、洞窟へ出発したくてしょうがなくなりました。みんなが外に出ると、神様による美しい朝の奇跡を形作る、柔らかい海風と楽しそうな鳥の歌が彼らを出迎えました。

先生の話は私の心を開き、何もかもをこれまでと全く違った見方で見られるように導いてくれました。そして何よりも、謙虚になれました。私たちは賢くなることはできるけれども、叡智とは遥かにそれ以上のものだということが分かったんです

第14話　他生でのエラーを直すために生まれる

マルヒアの有名なフェスティバル、幸福祭を楽しむ旅行客と街の人たちで、大通りは人で溢れ返っていました。子どもたちの笑い声がお祭りの明るい音楽に混じり合い、お祭りの陽気な音となり街中に響き渡っていました。旅行客を迎える大きな看板には「さあ、幸せになることを選びましょう」と書いてあります。

お祭り会場の真ん中には、色とりどりのライトに縁取られた巨大な観覧車があり、頂上からマルヒアを見渡したいと思う人たちが長蛇の列を作っていました。ウニヒピリ、カナニ、メレカ、そしてマリアは、ちょうど今観覧車を降りたところでした。まだ観覧車で感じた眩暈《めまい》が残ったまま、ウニヒピリは頂上に着いた時のカナニの表情を思い出して笑い出しました。

ウニヒピリが興奮冷めやらぬ感じに「面白かったね、カナニ！　まるで飛んでいるようだったよ」と言いました。

「僕の夢はパイロットになることなんだ」カナニが嬉しそうに答えました。「あそこで、僕は飛べるんじゃないかなって思ったよ」

「お母さんはどうだった？」ウニヒピリは母親に遠慮がちに尋ねました。

「あなたの冗談にとても励まされたわ。おかげで下を見ても、眩暈がしなかったもの」マリアが微笑みながら言いました。

ウニヒピリが飛び跳ねながら「だったら、もう一回乗ろうよ！」と言いました。

マリアは笑ってゴーカートを指さしながら「見て、あなたの大好きな乗り物よ。代わりにあれに乗りましょう」と答えました。

ウニヒピリとカナニはゴーカート乗り場に向かって駆け出し、マリアとメレカはその後をゆっくりと歩いていきました。お祭りの活気を満喫しながら、2人は会場中に貼ってある魅力的なポスターに書かれているメッセージにもしっかりと気を配っていました。ポスターにはそれぞれ、旅行客の注意を引くような、インスピレーションを与えるフレーズが書かれています。2人は訪れた人たちが足を止めて、ポスターに書かれたたくさんのメッセージを読んでいるのを見て嬉しくなりました。

「いつだって心の声を聞いてください」「今持っている物に感謝すれば、もっと多くの物がもたらされます」「運命は変えられます」「あなたの周りで何が起ころうとも、あなたは平和でいることができます」「あなた自身の外側にある物や人に頼らなくても、自分の人生を変えることができます」「あなたは思考によって創造しています」

「あなたが本当に夢中になれることをしていれば、お金も含めて、すべてがうまくいきます」

それぞれのポスターの横には、メッセージについて詳しく書かれたパンフレットや本の入ったスタンドが設置されていて、さらに地元のガイドが質問に答えられるように待機しています。マリアとメレカは「私たちの抱える問題のほとんどは、私たちの祖先からきています」と書かれたポスターの前を通り過ぎました。そのポスターの横では、男性がマリアの書いたパンフレットを注意深く読んでいました。マリアは立ち止まって、旅行客の男性がガイドに質問するのを聞くことにしました。

困惑している様子の男性は「本当に子どもたちがこのメッセージを理解できると思うかい？　大人にさえも難しすぎると思うのだが」と尋ねました。

ガイドは「ちょうどそこにパンフレットの著者がいることも、偶然ではありません。きっと彼女は私よりも上手くその質問に答えられると思いますよ」と答えました。

ガイドはマリアに、話に加わるように身振りで伝えました。マリアは旅行客と話をするために、メレカに子どもたちをゴーカート乗り場に連れて行くようお願いしました。ガイドがお互いを紹介すると、男性は握手をしながらマリアに挨拶をしました。

「私たち大人は自分たちが多くの物事を知っていると思っていますが、本当は何も知らないのです」マリアは正直に言いました。「私たちは子どもだったころに持っていた本来の叡智を取り戻すために、トレーニングをしなければいけないのです。おそらく、あなたがこれらのメッセージを難しいと感じたのも、そのためです」

男性は、大人は何も知らないというマリアの意見に異議を唱えました。「私の子どもたちは、きっとこのメッセージにとても混乱すると思うよ。子どもたちに『私たちの抱えている問題は祖先からきている』と伝えるのは、分かりやすい概念だとは思えないな」

「私は子ども向けのセミナーをたくさんやってきました」マリアが言いました。「子どもたちの方が、私たちがどのように祖先の記憶に影響されているのかを簡単に理解してしまいます。私たち大人よりもずっと簡単に。子どもたちは賢く、心は純粋で開かれているので、真実を知っているんです。マルヒアの子どもたちは、ホ・オポノポノのトレーニングを受けています。それによって過去から伝わる先祖の記憶をクリーニングして、手放しています。それらの記憶を手放すことが、幸せへのたった一つの道なんです」

「私たちの抱える問題のほとんどは、私たちの祖先からきています」と書かれたパンフレットを手に取りながら男性は「なるほど、面白いね」と言いました。

「ね、わかってきたでしょ?」マリアが言いました。「ふつう、大人は自分の抱える問題に対して、自分の親や、過去に自分を傷つけた人たちを非難する傾向があります。人生に関わる人たちはみんな修正する機会を与えてくれるためにいるんだと理解できれば、すべての物事が簡単になるんです。会合に参加して、そこに知らない人がいたら、無愛想になってしまったり、その人と交流することを拒んでしまったりすることってありませんか？　その人の隣に座るよりも、１人で椅子に座ってしまいませんか？　なんでか分からないけど、無意識にその人を避けてしまうことってありますよね」

「確かに。私もそういった経験がある」男性が答えました。

「もしかしたら、あなたとその人は過去世で問題を抱えていたのかもしれません。それか、もしかしたら祖先同士の間に問題があったのかも」マリアが続けます。
「私のことをお話ししてもいいですか？　私が建築士だった時のことです。顧客の中に、私といくつかのプロジェクトで契約をしていた海外企業の代表者がいました。彼はいつもおかしてもいない失敗で私を非難して、私が失敗をしそうだと彼の頭の中でよぎった物事にさえ文句を言ってきました。
私は偉大な師であるアウマクア先生に相談しました。先生はじっくりと考え始め、そして熟考したあと、『どうしてその顧客とそういった関係になっているのか、わかりますか？』と聞き、そのまま答えを続けました。『過去世であなたの祖先の一人が、彼の治める街の家をすべて焼いてしまったからですよ』って」

男性は「ものすごいお話だね。私もいろいろと考えてみる必要がありそうだ」と答えました。

「こういう話ならいくらでもありますよ」マリアはもっと教えてあげられると思って続けました。「たとえば、玄関先で子猫を見つけた女性の話とか。彼女は一目見てその子が片方の目に深刻な問題を抱えているってわかったそうよ。でもその子を飼うことにしたの。他の健康なペットや子どもたちを持つ代わりにね。それで、彼女はその子を動物病院に連れて行って、お世話をしたんです。子猫が元気になってから、モーナ先生、あっ、この方は私の先生の先生なんですけど、そのモーナ先生が彼女の家に来て、猫を見かけたんです。すると『この子は、あなたの家族の誰かが目に銃弾を撃ち込んで殺したライオンの子孫よ』と言ったそうなんです。そして彼女に『気づいていた？』と聞いたのです。

宇宙はこんなにも完璧な計らいで、その女性に、記憶を消去することで間違いを直すチャンスを与えたんです。そして彼女が消去したものは、彼女だけではなく、その親族や祖先からも消えるんです」

マリアは一息つくと「今のお話があなたの役に立つことを願っています。そして、残念だけど私はもう行かなくちゃ。興味を持ってくれてありがとうございました。どうぞお祭りを楽しんでいってくださいね。お子さんも一緒に来ているんですか？」と聞きました。

「ああ、子どもたちは妻と一緒にお祭りを回っているよ」男性が返事をしました。「ポニーに乗りに行って、その後はメリーゴーランドに行くんだ。話をしてくれてありがとう。あなたの言ったことは的を射ているよ。私たち大人は、自分たちが分かっていると思い込んでいるが、本当は何も知らないんだ」

「私たちはみんな学びの途中ですね」マリアが笑いながら言いました。「こちらこそありがとうございました。あなたは私に、記憶を消去する機会を与えてくれました。

それでは、これで」

マリアはゴーカート乗り場に向かって歩き出し、4人はハグをして再合流しました。お祭りのエネルギーもあって、4人とも無邪気な楽しさでいっぱいでした。男の子たちは、もうこのお祭りで一番スピードの出る乗り物、ローラーコースターに乗る気満々でした。

第15話

私たちはすべて選んでいます。自分自身の過去さえも

マリアとウニヒピリは、カナニの10歳の誕生日パーティーに持っていくためのプレゼントを探しに、近くのおもちゃ屋さんに来ていました。ウニヒピリは興奮気味に電車、ボート、ラジコンのヘリコプターの前を走り過ぎ、飛行機の前で立ち止まりました。カナニの夢がパイロットになることだと覚えていて、飛行機をプレゼントしようと考えていたのです。とてもシンプルなものから、職人でも組み立てるのに苦労しそうなほどたくさんの部品が入っている物まで、とても幅広い選択肢があります。ウニヒピリは、カナニが自分で飛ばすことができる飛行機をプレゼントすることにしました。

マリアは、息子がいろいろな飛行機の絵が描いてある箱をゆっくりと吟味している姿を見ていました。数分後、ウニヒピリは1つの箱を手に取り、それに向かって話しかけ始めました。

「君は僕の友達にピッタリのおもちゃだ」ウニヒピリが飛行機に言いました。「ここにいてくれてありがとう！　さあ、カナニの誕生日パーティーに行こう」

マリアはレジに向かう息子の後ろを歩きながら微笑みました。レジに着くと、ウニヒピリは店員に向かって話しかけました。

「ここになら何時間だっていられるよ」ウニヒピリが断言しました。「あなたはきっと、仕事中とっても楽しいでしょうね」

「もちろん。僕はこの仕事が大好きだからね」店員が心を込めて言いました。

母子はさよならを言って、店員に感謝をしながらカナニの家に向かいました。カナニの姉のメレカがここ数日、弟のパーティーのために一生懸命頑張っていた成果が、自然豊かな裏庭に実っていました。カナニとメレカは、マルヒアで人気のコーヒーショップチェーンを経営する両親、アネラとロパカと一緒に住んでいました。

マリアとウニヒピリが到着すると、一家は力強いハグで挨拶をしました。そしてメレカが、誕生日の主役がみんなの注目を浴びている庭まで、2人をエスコートしました。2人を見つけ、カナニはとても喜んで走って来ました。マリアとウニヒピリはカナニをギュッと抱きしめ、誕生日のお祝いを伝えると、ウニヒピリがカナニにプレゼントを渡しました。カナニはすぐにラッピングを破り、中を見ます。そしてプレゼントが何か分かると、友達を温かくハグして、感謝を伝えました。

「とても気に入ったよ、ウニヒピリ」カナニがおもちゃを抱きしめながら言いました。

「僕のお気に入りのプレゼントの仲間入り。後でさっそく組み立てるよ！　ありがとう！」

「パイロットになったら、そういう飛行機に僕を乗せて飛んでよ」ウニヒピリは嬉しそうに応えました。

それから2人は、ホットドッグとバーガーを待っている間に走り回って、楽しそうに遊んでいる他の子どもたちに加わりました。メレカと父親のロパカがバーベキューを担当していました。マリアはメレカの母親のアネラや他の大人たちに混ざって、サンルームからテラスに出て行く子どもたちを見ながらおしゃべりをしていました。

「まるで昨日のことのように、あの子の生まれた時の顔を覚えているわ」アネラがカナニのことを話していました。「とても特別な瞬間だったの」

マリアが「たくさんのママ候補の中から、彼があなたを選んだことって、とても素敵なことだと思わない？」と聞きました。

「そんなこと気にしたこともなかったわ」アネラが言いました。「そういうことなんだって何かで読んだことはあるけれど、それについて深く考えてみたこともなかったわ」

「アネラ、私たちはどの両親の元に生まれるかも含めて、人生の何もかもを生まれる前に決めているのよ」マリアが答えました。「あまり理論的には聞こえないけどね。残念ながら一度自分の身体に入ってしまうと、私たちは生まれる前に神様と一緒に立てた完璧な計画を忘れてしまうの。でも、たまに生まれる前のことを覚えていられる人もいるのよ」

メレカが会話に加わってきて質問をしました。「マリア、あなたはその記憶を持っているの？」

「いいえ。でもウニヒピリはどうやって私を母親に選んだのかを覚えているわ」マリアが答えました。「話ができるようになってから、何度も何度も私に話してくれたの」

その時、マリアはウニヒピリが子どもたちの先頭に立って、即興でルールを作ったボール遊びを始めるのを見ていました。

「ウニヒピリは素晴らしい少年だわ」アネラがマリアに伝えました。「あの子がカナニの親友で本当に嬉しいの。うちの子はウニヒピリからたくさん学んでいると思うわ」

「私も毎日ウニヒピリから学んでいるわ」マリアが笑いながら答えました。

ゲームの喧騒の中、ロパカが子どもたちに向かって、バーベキューに一列に並ぶように大きな声を出しています。

「バーガーとホットドッグが待っているぞ」ロパカが子どもたちに伝えます。

走り回って遊んで汗をかいた子どもたちが、急いで列を作りました。みんな腹ペコで、もう食べる準備は万端です。

「僕はまだお腹がすいていないや」ウニヒピリが母親のところに来て言いました。「他のみんながもらってから行くことにするよ」

「じゃあこっちに来て一緒に座ったら？　ちょうどあなたに聞きたいことがあったのよ」メレカが言いました。

「何？　メレカ？」ウニヒピリが聞きました。

「あなたがどうやってマリアをお母さんに選んだのか、とっても興味があるの」メレカが言いました。「教えてくれる？」

ウニヒピリはマリアの隣に座ると静かに話し始めました。「もちろん。僕のお気に入りの話だからね。これまで僕に起きた出来事の中で一番素晴らしいことなんだ。まだあの時のことは覚えているよ。僕がまだ僕の身体に入る前、僕は宇宙みたいな場所にいたんだ。僕はお母さんを探していたんだよ。何千もの大小さまざまな星の中からお母さんを探すために、あちこち行ったよ。僕の中の何かが、あの星の中のどれか一つが僕のママだよって言っていたんだ。だから探して、探して、探していたら、突然一つの星が他のどの星よりも大きくなり始めたんだ。輝いて、綺麗で、他とは違っていた。その時、あれが僕のお母さんだってわかったんだ」

話し終えると、ウニヒピリは自分の頭をマリアの頭にくっつけたままハグをしました。メレカとメレカの母親は親子の愛に感動して、見つめ合いました。誰もが愛と優しさの光に包まれていました。

第16話 水と太陽・完璧な組み合わせ

マリアが市場から帰ってきて、フルーツと野菜でいっぱいのバッグをキッチンのテーブルに置きました。満足のいく買い物ができたマリアは、マルヒアの食材の品質への感謝を何度も口にしました。マリアは先立って魚市場で買ってきた新鮮な魚を取り出すと、洗って味付けなどの下ごしらえを済ませました。

今日はマリアにとって特別な日曜日です。アウマクア先生が家に来て、マリアとウニヒピリと昼食を共にするのです。この大先生は、最近子ども向けの本で国際的な評価を得たお気に入りの弟子、マリアへの敬意をしっかりと表現したのです。マリアにとって、アウマクア先生と時間を過ごすことに勝る祝福はありません。先生の教えや先生から聞く話は、マリアのインスピレーションでもありました。

マリアは調理をしながら、裏庭を見渡せる窓越しに息子を見ていました。ウニヒピリはものすごい集中力でイーゼルに立てかけたキャンバスに絵を描いていました。ウニヒピリはアウマクア先生にプレゼントする絵の最後の仕上げをしているところでした。創作活動に没頭するあまり、少年は母親が家に帰って来たことに気づいていませんでした。彼は心の中で「ありがとう、愛しています」と繰り返しながら、絵にサインを入れるところでした。マリアは裏庭に出ると、ウニヒピリの後ろに立って彼の絵を称賛しました。

「ウニヒピリ、とても素晴らしい絵ね」

びっくりしたウニヒピリが「ママ！　驚かさないでよ」と振り返りました。

マリアは笑いながら息子の作品をじっくりと見続けました。しばらくしてマリアは、息子を両腕で優しく包み込みました。

「この絵は天国の本当の姿ね。あなたのお父さんに捧げる絵ね」マリアはウニヒピリの耳元で、そっと言いました。

「うん、ママ。その通りだよ」ウニヒピリが答えました。「見て、この羽を広げているのがパパだよ。パパが歩いている道はずっと先まで続いてるんだ」

「ウニヒピリ、とっても素晴らしい絵だわ」マリアが答えました。「アウマクア先生も間違いなくこの贈り物をとても気に入るわ」

「ちょうど終わったところなんだ」ウニヒピリが言いました。「もうお昼ご飯の準備を手伝えるよ」

「ばっちりね」マリアが言いました。「青いボトルに水を入れて、日向に置いてくれる？　フルーツと野菜を洗う分のソーラーウォーターしか残っていないの」

「そういえば」ウニヒピリが答えました。「昨日、カミラにソーラーウォーターについて話していたんだ。カミラも使いたいってお母さんに言うってさ」

「それなら、植物にもその水をあげるように伝えてあげて」マリアが言いました。「植物がとても早く、美しく成長することに、きっと驚くわ。そうしたら、何にでもこの水を使いたくなるわ」


ウニヒピリは青いボトル1つ1つに水を入れていき、マリアは食事の準備をしにキッチンに戻りました。彼女は慎重にお気に入りのレシピ通りに調理をしていました。心の中で「ありがとう、愛しています」と繰り返しながら、魚をハーブで味付けしていきます。そして美しいテーブルクロスで食卓の準備をする時もその言葉を繰り返し、それからこの特別な日の準備を細部までチェックしました。

準備を終えるとすぐに、手に花束を持ったアウマクア先生が到着しました。2人を温かくハグした後、大先生はマリアに花を手渡しました。

「これは私からあなたへの敬意です」アウマクア先生が言いました。「私はあなたのことをとても誇りに思っています、マリア」

アウマクア先生を出迎えて短い言葉を交わした後、3人はマリアが素晴らしい食事を用意したテーブルに着きました。アウマクア先生は、今度はウニヒピリに話しかけました。

「お母さんから、食事の前にする一番大切なことは、食べ物に話しかけることだということは教わっているね？」

「はい、アウマクア先生。僕たちはいつもそうしています」ウニヒピリが答えました。

アウマクア先生は「では、『ありがとう、愛しています』と言って、神様が私たちに一番合っていて完璧なものをこの食事にもたらせるようにしよう。感謝し、愛を表現することで私たちは神様と一つになり、何も心配する必要がなくなるからね」と言いました。

3人は少しの間静かにそれぞれの思考に集中して、それからこの楽しい昼食を始めました。アウマクア先生は食べ始めるとすぐに、食事の美味しさと調理の素晴らしさを称賛しました。

「ママの料理は世界で一番なんです」ウニヒピリが言いました。「たとえママが全部ブルーソーラーウォーターのおかげだと言ってもね」

「先生も知っての通り、この子はとてもよく物事を見ているんです」マリアが言いました。「でも本当にソーラーウォーターのおかげでもあるんです。ソーラーウォーターでフルーツや野菜を洗う度に、その食材が満足したりリラックスしたりしているのが私には分かるんです。水が食材たちをリラックスさせて新鮮さを取り戻させていくと、彼らが『アァー』とほっとしたようなため息をつくのが聞こえるんです」

ウニヒピリが興味津々といった感じに「その食材たちは本当にリラックスして回復をしているの？」と聞きました。

「そうだよ」アウマクア先生が答えました。「たとえば、ここにあるリンゴを収穫した人が、収穫する時に心配事をしていたとしよう。それはお金のことかもしれないし、家族のことかもしれない。そしたら、その思考がリンゴに移るかもしれないだろう。そうすると私たちはリンゴと一緒にその人の問題も食べてしまうことになる。でもソーラーウォーターでリンゴを洗っていれば、そういう問題も一緒に洗い流せるんだよ。だから私たちは守ってくれたことを水に感謝するんだ。私も車や洗濯機、それに植物がソーラーウォーターを欲しがっている声を聞いたことがあるよ。ソーラーウォーターは何でも洗浄できるんだ」

「その通りですね、アウマクア先生」マリアが同意します。「ある男性が、車をソーラーウォーターで洗っていると教えてくれたことがあります。一度交通事故に遭った時、相手の車は大破してしまったのに、彼の車は小さな擦り傷だけで済んだと言っていました。彼は、心からソーラーウォーターのおかげだと思っていると言っていました」

食後、マリアがテーブルを片付けている間に、ウニヒピリはアウマクア先生を庭に連れて行きました。そこでイーゼルに立てたままにしていた絵を先生に見せました。

「アウマクア先生のために描いたんです」とウニヒピリが言うと、大先生はまるで筆遣いの先にあるものを見通すかのように熱心に絵を見ました。

「この絵を見れば、ウニヒピリが、最も学ぶことが難しいことの内の一つを、その若さですでにとても深く理解していることが分かるよ」アウマクア先生がウニヒピリに言いました。「そして同時にとても美しい絵でもある。この絵の通り、私たちはこの身体以上の存在だ。君のお父さんは私たちのすぐ側にいる。でも、同時に君は彼に、彼自身が進むための道を与えたんだね」

これ以上言葉はいりませんでした。アウマクア先生は宇宙の光と愛を持って少年を抱きしめました。マリアはそれをキッチンの窓から見て、感情が溢れ、彼女の頬を涙がつたいました。

第17話　神様はいろいろな方法で答えてくれる

　ウニヒピリ、カミラ、カナニの3人は、1日の楽しみの1つであるツアーガイドを終えて、中央広場に戻って来ました。それは涼しくてよく晴れた土曜日の午後でした。秋の気配が、この美しいマルヒアの街に1年で最も快適な気候をもたらしていました。日陰の木製ベンチに腰を掛けて、3人はメレカがお迎えに来るのを待っていました。メレカが3人をマリアの家まで送り、子どもたちはそこで遊んで午後を過ごす予定でした。

「裏庭にテントを張ろうよ」ウニヒピリが提案しました。

「あれって小さくなかった？」カミラがそれに答えて言いました。「中に3人も入れる？」

「確かに小さいけど、一緒に組み立てたら楽しいと思うんだ」ウニヒピリが言いました。「3人でパズルボードゲームをして遊ぶスペースは十分にあるよ」

「えー」カナニが反対する声を上げました。「何か違うことをしようよ。あれをやると、いつも2人に負けちゃうんだもん」

「もっと本を読めば勝てる可能性が増えるわよ。本を読めば新しい言葉を覚えるもの」カミラが言い返しました。

その時、メレカがケオニとボクサー犬のカイを連れて歩いてくるのが見えました。カイは子どもたちに向かって走り出し、彼らはすぐに遊び始めました。メレカとケオニは、カイと子どもたちの間に自然と生まれたハーモニーに見入っていました。

「動物と子どもはとても似ているよね。どちらも心が純粋なままだ」ケオニが言いました。

「その通りだわ、ケオニ」メレカが微笑みながら言いました。「動物は判断もしないし、意見も持たない。素晴らしいことよね。自分が何者であって、どうしてここにいるのかを知っているのね」

マリアの家に着くと、マリアはみんなを招き入れて、テーブルに用意しておいたたくさんの美味しい食事とジュースを自由に食べていいと伝えました。腹ペコの子どもたちは、すぐお皿に食べ物をいっぱいに盛りつけます。食事を楽しみながら、3人はお皿の上の食べ物に感謝することを思い出しました。マリアとメレカ、ケオニも同じように感謝をし、その様子をカイがリビングからお行儀良く見ていました。

マリアがカミラを見て「ご家族はお元気？　最近会う機会がなくて」と聞きました。

「みんな元気です」カミラが答えました。「ニューヨークにいるお姉ちゃん以外は。お姉ちゃんは何か困っているらしくて、パパがニューヨークまで助けに行きました」

マリアが心から心配して「彼女はホ・オポノポノをしていないの？」と聞きました。

「たぶんやっていないと思います」カミラが答えました。「もしかしたらやっているかもしれないけど、何か問題が起きて、必要に迫られた時だけだと思う」

「別に神様に話しかけるのに、何か問題が起きるまで待っている必要はないのよ」メレカが言いました。「神様はいつだって、私たちが神様に、私たちの問題を解決することを許してもらうのを待っているんだもの」

「アウマクア先生が、どんなときだって神様に話しかける正しいタイミングなんだよって教えてくれたわ」マリアが話を引き継ぎました。「神様はいつだって私たちの側にいるんだから」

マリアはウニヒピリを見て聞きました。「神様に話しかけるのと同じくらい大切なことって他に何があるか分かる？」

ウニヒピリは誇らしげに答えました。「手放すこと」

マリアは満面の笑みで「大正解。手放して、解放して、リラックスして、信じて、そして許可を与えることで導かれるようにするの。でも同時に、神様にお願いをする時は注意を払っておくことも大事ね。お願いをしたなら、忍耐強く神様からの返事を待たないとね。いつもオープンで柔軟でいること。答えは、あなたが最も予想していない時にやって来ることもあるの」

「誰かに話しかけても返事がもらえないのは嫌だな」カナニが言いました。

「その通りね、カナニ。誰だってそう思うわ」マリアがカナニの意見に賛成して言いました。「だから私たちは、神様の返事と、問題に対しての神様からの解決方法を待つ必要があるの。私たちは、思考や感情に捕らわれてしまいがちで、神様の返事に気づけないことがあるの。それに加えて、自分に知識があると思ってしまうわ。だから期待をして、何もかも自分に都合良くいくようにと思ってしまうの。でも、私たちは何が自分にとって正しいことなのかを本当は分かっていないわ。期待もまた記憶で、それを解放して消去する必要があるのよ」

その時、みんなはカイがドアのところで、みんなのいるダイニングに入る許可が出るのを待っているのに気づきました。

「今はダメだよ、カイ」ケオニが言いました。「リビングで待っていて。こっちの用事が済んだら、たくさん遊ぼう」

ボクサー犬は飼い主を悲しそうな目で見つめ、うなだれました。そして飼い主の指示に従って、リビングへと戻りました。カイは床に横たわって我慢強くみんなを見て、自分の番が来るのを待っていました。子どもたちは、カイの従順さに驚きました。

マリアが会話を再開させました。「ペットからのまなざしも、神様からの答えになり得るのよ」

カミラは意味を理解しきれずに尋ねました。「どういうことなの？　マリアさん」

「神様からの答えはとても気づきにくいの」マリアが答えます。「すぐに答えが返ってくることもあれば、年単位の時間がかかることもあるわ。それに、様々な方法で返事がくるの。神様の声が聞こえることもあるかもしれないけど、思考や視覚を通しての場合もあれば、何かしらのサインの場合もあるわ。時には他の人が答えになることを言ってくることもある。重要なことは、神様はどうやって私たちそれぞれに届けることができるのかを正確に知っているということよ。だから神様のメッセージはいつだって他とは違うの。つまり、私たちはいつも神様の答えに意識を払っておくことが必要だっていうことね」

「なんて素晴らしいの、マリア。私たちに必要なものはすべて私たちの内にあって、同時に神様とともにあるのね」メレカが言いました。

「そうよ、メレカ」マリアが答えます。「以前アウマクア先生が目に涙を溜めながら、神様が私たちに求めることはただ『ごめんなさい』と言って、自分自身のためのことをするだけなんだと言っていたわ。先生はちょうどそのメッセージを神様から受け取った時で、そのことにとても興奮していたわ。

あまりに簡単すぎて、多くの人が信じてくれないけど、私たちが良い状態であれば、周りにいるすべての人たちが良くなっていくの。この世界に生きている人たちの中の何百万人かがこのことに気づいたらどうなるのか、想像してみて。きっと世界は楽園になるわ！　だからこそ、私たちのかけがえのないマルヒアは、この気づきを持たない人たちにとってとても不思議なのよ」

この気づきがこの場にいるみんなの間に強いエネルギーを創り出し、静寂の中でまなざしを交わすそれぞれの心に感動をもたらしました。またひとつ、この地上の楽園に住む友人たちの間で、素晴らしい瞬間が共有されたのです。

カイがまるで、やっと自分の番が来たということを伝えるかのようにリビングで吠え始めました。

第18話　怖がることなんて何もない

今日はマルヒアの若いツアーガイドたちにとって、1年で最も楽しみな日のうちの1つです。なぜなら今日は、ツアーシーズンの終わりを告げる大きなお祭りの日だからです。砂浜の周りで大規模な屋外パーティーが開かれ、いろいろなゲームが催され、いくつかの音楽団が演奏をし、夕方にはお祭りの最後を飾るキャンプファイヤーもおこなわれます。このお祭りは1年を通して大役を務めた子どもたちと、それを支えたボランティアの大人たちを労うためのお祭りでした。

ガイドの帽子を被った子どもたちは、たくさんの出し物や美味しいアイスクリーム、ジュース、そしてお菓子を堪能しました。彼らにとってこの日は、感謝をされ、報われる日なのです。子どもたちは、自分たちの仕事ぶりに満足していました。旅行客にマルヒアの美しさを伝えるだけではなく、彼らが古くから伝わるホ・オポノポノを理解するための助けにもなれたからです。ホ・オポノポノはこの平和な街を包み込む幸せの要因でもある、先祖代々伝わるツールでした。

ウニヒピリは、マルヒアのガイドをしている子どもたちのリーダーでした。そのため彼は、ビーチでのキャンプファイヤーに移行する前に、式典を締めくくる挨拶をする役割に選ばれていました。ウニヒピリは壇上でマイクに向かって、揺るぎなく自信に満ちた声で話し始めました。

「こんにちは、みなさん。今この場にはいませんが、まず僕が今年出会った旅行客のみなさんへの感謝を伝えさせてください。彼らが与えてくれた、記憶を消去するすべての機会に感謝をしています。同時にガイドの仲間たち、お母さん、そしてアウマクア先生にも特に感謝を言わせてください。アウマクア先生はそのアドバイスで僕たちを1年中導いてくれました。僕たちはここに生まれることができて、とても幸運です。マルヒアに感謝しています。愛しています!」

挨拶が終わると空を彩る花火が始まり、マリアは息子を誇りに思いながら拍手をしました。式典は終わり、いよいよビーチへ向かう時間がやってきました。マリアはケオニとメレカと一緒に、子どもたちと待ち合わせをしているキャンプファイヤー会場に向かって歩きました。

ビーチでは子どもたちが、大小さまざまな木の枝や幹で組み立てられた大きなピラミッドを囲むように座っていました。子どもたちが火に近づき過ぎないように、火の周りには円状に石が置いてあります。あと数分の内に、カナニのお父さんのロパカがキャンプファイヤーに点火をします。

秋の夜は涼しくて、みんなコートや暖かい上着を着ていました。小さい子どもたちは身を寄せ合って、これから起こることへの期待で胸を膨らませています。そしていよいよオレンジの明るい炎が燃え盛りました。カナニとカナニの母親は、マリア、ウニヒピリ、カミラと一緒に座り、夕闇の訪れを相殺する火の温かさを楽しんでいました。

「さあみんな、マシュマロを焼きましょう」マリアが後ろに置いておいたカバンに手を伸ばしながら言いました。子どもたちは大喜びで口をそろえて「イエーイ！」と叫びました。

ボランティアが数人、先端に甘いふわふわの小さな雲の付いた長い棒を配りました。子どもたちはみんな順番にマシュマロを火で焼きました。

その興奮のかたわら、マリアは最近家族と一緒にマルヒアに引っ越してきた男の子、カヴィカが1人静かにしていることに気づきました。カヴィカを勇気づけて、子どもたちのグループにこの少年をしっかり認識させるために、マリアは彼を称えることにしました。

カヴィカにむかって「私たちは、新入りガイドのカヴィカの献身と学習意欲について知るべきだと思うの。カヴィカ、何か私たちにお話ししてもらえるかしら？」と言いました。

「また今度にしたいです。でも、ありがとう」とカヴィカが答えました。

カヴィカの母親のキアナが、マリアにこっそりと「あの子は暗闇が怖いんです。お化けが出てくるって。何か克服できる良い方法がないかなと思っているんですけどね。でもありがたいことに、マルヒアに引っ越してきて、ホ・オポノポノを通して本当にたくさんのことを学ばせてもらっているわ」と言いました。

マリアはキアナの背中を軽くたたくと微笑みました。そして子どもたちの注目を集めるために、大騒ぎしている彼らの方へ向かいました。

「子どもたち、みんな注目して」マリアが大きな声で言いました。「この機会に、あなたたちの中の何人かがまだ経験していないかもしれないことについてお話をすることにしたわ。あなたたちの多くが目に見えないお友達を持っていて、一緒に話したり遊んだりしているわよね。でもたまに、あなたたちとお友達になろうとするネガティブなエネルギーがやって来ることもあるの。私たちを不幸にしようとしてね。そんな経験をしたことはある？」

みんなは声を揃えて「ある！」と答え、それから笑い合いました。

マリアは「でも、何も心配はいらないわ。みんな、神様は1日24時間、週7日、いつも私たちのことを守ってくれているのは知っているでしょ？ だから、もしそういう悪いエネルギーや存在を感じたら、あなたたちにはそれを光へと送る神様のご加護がついていているっていうことを思い出してね。さあ、誰か神様のご加護について説明してくれる人はいるかしら？」

子どもたちは口々に「ありがとう、愛しています。ありがとう、愛しています」と大声で言い始めました。

「ブラボー！」マリアが褒めました。

マリアはカヴィカの様子をうかがいました。彼の表情はさっきまでとは違い、笑顔でこのグループの雰囲気を楽しんでいるようでした。

「もう怖くなくなったわよね」マリアが話しかけました。「私たちが『ありがとう、愛しています』を繰り返している時、私たちは神様が悪いエネルギーに対処して、私たちを加護できるようにしているの。そのことを忘れないでね」

この話し合いに加わる準備ができたカヴィカが手を挙げました。マリアはみんなに、静かにカヴィカの話を聞くように言いました。

カヴィカはみんなに聞こえるように立ち上がりました。「僕にも伝えさせてください。僕はマルヒアに住むことができてとても幸せです。僕も家族も、こんなに幸せになったことはありません。ありがとう！」

みんながカヴィカに拍手をしました。子どもたちはこの新しいガイド仲間のために、一際大きな喝采を送りました。キアナはマリアの隣に立ち、マリアにむかって微笑みました。そしてマリアにもっと近くに来るように身振りで伝えました。

「あなたにはどう感謝したらいいのか分からないくらい感謝しています、マリア」キアナが言いました。「あなたの知恵に驚いたわ」

「あれは私の先生のアウマクアの教えなのよ。先生はその先生のモーナ先生から教わったの」マリアがそう返事をしました。「アウマクア先生が話してくれたある日のモーナ先生とのエピソードがあるわ。それは2人が列車で旅をしていた時のことなのだけど、モーナ先生は10時間もの間一言も声を発さなかったことがあったんですって。

どうしてだと思う？　モーナ先生は、彼女の所に寄って来て、光に送るように頼む存在たちに意識を集中していたの。彼女にはその存在たちを見聞きする能力があったのだけど、彼らを浄化して光へ送るために10時間も黙っていたのよ」

キャンプファイヤーの光は優しく揺らめき続けて、まるでリハーサル後のダンスパフォーマンスのようなハーモニーを見せていました。魔法にかかったかのようにそれを見ている子どもたちの目は、金色の光で輝いていました。夜が優しく彼らを撫で、その時彼らはみんな、神様のご加護に包まれていました。

第19話 命のない物にも感謝をしよう

風光明媚なマルヒアの谷は、この街の人たちに深い緑の美しさを恩恵として与えています。海辺で三方を山々に囲まれている、楽園を絵に描いたようなこの土地は、その壮観さをさまざまな方法で楽しませてくれます。その中でも公園、洞窟、そして湖がマルヒア中の子どもから大人まで、みんなにとってお気に入りの週末の行き先です。

ウニヒピリは太陽が寝室の窓から入って来るよりも前に早起きしていました。友達のカナニと一緒にお出かけするのが楽しみで、もうこれ以上寝ていられなかったのです。今日は素晴らしい春の日曜日になるはずで、ウニヒピリはもうすでに1日を始める準備が万端。彼はベッドから出て、何か食べるものを探しに行くことにしました。でもそのせいで母親のマリアは、ウニヒピリが冷蔵庫を引っ掻き回す音に驚くことになりました。

「台所にネズミが出たのかと思ったわ！」マリアの声は彼女の寝室から響いてきました。

ウニヒピリは冷蔵庫のドアを閉めると、マリアの寝室へと走りました。マリアは鏡の前で髪を梳《と》かしていました。２人は温かいハグをして、朝の挨拶を交わしました。

「愛しているわ」マリアが言いました。「私の人生にいてくれて、ありがとう」

「僕も愛しているよ、綺麗なママ」ウニヒピリが返事をしました。

「今日の冒険が楽しみで、早くベッドから出てきたのね」マリアが言いました。「おかげで私は朝食の準備中にあなたを起こさなくていいし、メレカがあなたを迎えに来るころには、あなたは準備が終わっていそうね」

メレカは先週から、カナニとウニヒピリのために湖に出かけることを計画していました。以前彼女がボートの練習に参加していた大学からボートも借りてあります。コーチはメレカをチームで一番の選手だと思っていたので、彼女のお願いを聞いてくれたのです。メレカは友人のケオニも招待していて、ケオニは小型ボートの練習を手伝うことになっていました。ケオニは新しくプロデュースする動画のための撮影もするつもりでいます。

メレカはいつも通り時間ぴったりにマリアの家に着きました。マリアとメレカは玄関でハグをすると、日差しと朝の爽やかな風について言葉を交わしました。ウニヒピリはドアからとび出して、マリアにいってきますの挨拶とハグをしてから、カナニの乗っている車に向かって走り出しました。カナニは友達を見つけて、元気いっぱいに手を振りました。

「マリア、帰ってきたら前に話した私に聞こえる声のことで聞いてほしい話があるの。それに、今週私に起きたことについても」メレカが言いました。「もう不思議なことではなくなったの。しっかりと聞けば、声のメッセージを完璧に理解することができるようになったのよ」

「素晴らしいじゃない、メレカ」マリアが答えました。「あなたは他の人と違うということに対する恐れを手放したっていうことね」

「そうなの」メレカが答えました。「まさに、そう。それに私に話しかけてくる物の声も聞こえるようになったの。でも、まだ何を言っているのかは分からないけど。もしかしたら物が話しかけてくるのは私の思い込みかもって思うこともあるし」

「もう少し我慢しないとね」マリアが言いました。「何事も完璧なタイミングにやって来るものよ。ただ、命のない物たちは、感謝されてお礼を言われるのが好きなんだっていうことを忘れないで。人と同じようにね」

「ありがとう、マリア」メレカが言いました。「あなたのアドバイスにいつも本当に助けられているわ。でも、そろそろ行かなきゃ。遅くならないように、お昼を公園で食べたら帰って来るわ。じゃあ、また後でね」

いっぽう、もうこれ以上興奮を隠せないカナニとウニヒピリは、今日の冒険について考えることに余念がありません。湖までの道中、2人の少年の好奇心いっぱいの質問が途切れることはありませんでした。

「ライフジャケットは着なくちゃだめなの?」ウニヒピリが聞きました。

「もちろん」メレカが答えます。「湖の一番浅い所に行くつもりだけど、ライフジャケットは必須よ」

カナニが興奮を抑えきれない様子で「本当に大きな魚がいるの？」と聞きました。

「ああ、カナニ。ホオジロザメがいるぞ」ケオニがふざけて言いました。

みんなが楽しく笑っていると、メレカがボートを受け取る予定のドックに到着しました。子どもたちは湖の浜辺へと勢いよく走り出し、ケオニはメレカがボートの準備をするのを手伝いました。ちょうどドックから出航するとき、メレカは耳に振動を感じ、それから確かに声を聞きました。

『あなたは私が伝えたことをちゃんと聞いていなかった』声が言いました。

メレカはケオニを見ましたが、ケオニには何も聞こえていないようでした。そのためメレカは黙っていました。しかし、もう一度、今度はさっきよりもはっきりと声が聞こえました。そしてその声はボートから聞こえていることに気づきました。

声はもっと大きくなり『ちゃんと聞いて。もし私がその気になったら、私は湖の真ん中で自分を壊して、あなたを水中に放り出すことだってできるんだから』と言いました。

メレカはすぐに、返事をしなければいけないと気づきました。彼女はボートに感謝をすることを忘れてしまっていて、その埋め合わせをしなければいけないのです。

「だめ、お願いだからそんなことをしないで」メレカは大きな声で言いました。そして心から「私はあなたが今日私たちのためにしてくれるすべてのことに感謝しているし、ボートに乗せてくれることを本当にありがたく思っているわ」と伝えました。

ケオニはメレカがボートの声に返事をしているとは知りませんでしたが、メレカの言葉を聞いて微笑みました。メレカはマリアの言葉を思い出しながらケオニの方を振り返りました。

「このボートに感謝していなかったことに気づいたの」メレカが言いました。「もう決して忘れたりしないわ」

みんなは待ちに待ったボートの冒険を始めました。メレカは深く息を吸うと、湖畔にある大きな看板に書かれたマルヒアの偉大な教え「あなたがここで目にするものすべてには、命が宿っています」を見ながら息を吐き出しました。

あなたがここで目にするものすべてには、命が宿っています

第20話　イマジナリーフレンド

マルヒアに住む人たちが、あらゆるものへの恵みだと考えている長雨が降っていました。この街の豊かな植物たちが、空から降る雫の一滴一滴に感謝していることをマルヒアの人たちは知っているのです。川や湖は喜び、農家は長かった干ばつの終わりをお祝いしています。

マリアは、書斎の窓から外を見つめることでインスピレーションが湧くのを待っていました。木々はまるで、強い風によって振り付けをされたかのように雨のリズムに合わせて踊っていました。マリアはパソコンに打つ文字に思考を集中させました。彼女が次に出版する短編集の原稿です。マリアにとっては、執筆するのに最高の午後でした。窓の外の激しい風や雨とのコントラストで、まるでこの書斎の静けさに触ることができるのではないか、と感じてしまいます。

マリアの息子のウニヒピリは、集中できないまま自分の部屋にいました。本や絵やおもちゃの散らばった床に座り、電車の電動模型セットの壊れてしまった線路を直そうとしていました。

「このまま電車を走らせることなく僕のもとからいなくならないでよ。お願いだからさ。この線路をもとあった場所に戻さなきゃ」ウニヒピリが線路に訴えかけました。

やっと直すことができた時、ウニヒピリは電車に感謝をしました。その時突然、彼は振り返って部屋の隅を見ました。誰かが見ていたような気がしたのです。ウニヒピリはマリアに教わったように心の中で「ありがとう、愛しています」と繰り返しました。この言葉を繰り返すことで、それがいなくなることを知っていたのです。特に、それがネガティブなエネルギーであるほど、効き目は大きくなります。もしネガティブなエネルギーではなかった場合は、そのままそこに残ります。それを知っているウニヒピリは、それ以上気に留めることなく電車を線路に戻し、無事に走るかどうか確認するために電源を入れました。そして電車は無事に回り始めました。

これで電車を友達のカナニとカヴィカに見せることができるので、ウニヒピリは嬉しい気持ちになりました。カヴィカは最近マルヒアに引っ越してきた男の子です。カナニとカヴィカは、今ウニヒピリの家へと向かっている最中です。カヴィカの母親のキアナに送ってもらって遊びにくるのです。

「このカーブの曲がり方を見てよ」ウニヒピリが声に出して言いました。「脱線しそうに見えるのに、自力で真っ直ぐになって線路を走り続けるんだ。どう？」

ウニヒピリはおもちゃでの遊びに夢中になって、まるで友達と話しているかのように熱く話し続けました。

「ここを触るとすぐに止まるんだ」ウニヒピリが指摘しました。「とても敏感に反応するから、そっとコースを走らせておこう。ワオ、ライトが点くのを見た？」

その時、ウニヒピリはドアのベルが鳴るのに気づき、床から立ち上がって寝室のドアへと走り出しました。彼は一瞬立ち止まると、振り返って部屋を見ました。

「友達のカナニとカヴィカを連れて戻って来るよ」ウニヒピリが言いました。

ウニヒピリは玄関を開けると、友だちに挨拶をしました。マリアも書斎から出て来て挨拶をすると、キアナをお茶に誘いました。子どもたちはウニヒピリと一緒に寝室に行き、女性たちはキッチンへと向かいました。

「あなたの家はとても居心地が良いわね、マリア」キアナが感想を伝えました。

「ありがとう、キアナ」マリアが答えます。「必要な物だけを持つようにしているの。でも、買うものはどれも愛して買っているわ。家に迎え入れて、感謝をして、敬意を持って扱っているの」

「素晴らしいわね」キアナが言いました。「私も同じようにしてみるわ。まだまだ学ぶことがたくさんあるわ」

マルヒアに移って来てから、キアナのホ・オポノポノのテクニックは急成長しました。継続的に実践し、誰よりも学ぶ意欲を持っているからです。マリアはキアナの熱心な学習意欲、そして、この古代ハワイのテクニックへの理解の深さに対して、大きな敬意を抱いていました。キアナは、ホ・オポノポノが自身の新たな幸せの素であり、これこそマルヒアの幸せの素であると理解していたのです。

「気長にやらないとね」マリアがキアナに言いました。「すべてのものはふさわしいタイミングにやって来るの。あなたはよくやっているし、たくさんの記憶を手放したわ。このまま新しいことに心を開き続けていれば、これからもっともっとあなたに良いことが起こり始めるわよ。あなたと話していると、あなたの表情からどんどん広がる幸せを見つけることができるんだもの」

「その通りね、マリア」キアナは同意しました。「私はとても幸せよ。特にカヴィカがすごく良くなってくれたもの。あなたがビーチで話をしてくれた後、あの子は暗闇を怖がらなくなったのよ」

「子どもはまだ本能的な叡智を持ったままだから、学ぶのが早いのよ」マリアが言いました。「あなたが良い状態でいる限り、彼も大丈夫よ」

マリアとキアナがキッチンのテーブルでお茶をしているところに、飲み物を探しに来た男の子たちが入って来ました。ウニヒピリは友達にレモネードを用意して、彼のお気に入りのクッキーを食べるか聞きました。

マリアが微笑みながら「楽しんでいる？」と聞きました。

「とっても楽しいよ」ウニヒピリが返事をしました。「2人とももう少しで僕のイマジナリーフレンドに会うところだったよ」

興味を持ったキアナが「イマジナリーフレンド？」と聞きました。

「うん。僕はよく彼と遊ぶんだ」当然のことのようにウニヒピリが言いました。「時々彼が見えるんだ。今日もそうだったよ。一緒に遊んでいたけど、みんなが来た時にいなくなっちゃった」

「見えなかったり聞こえなかったりするからといって、存在していないっていう意味にはならないわ」マリアが話に入ります。「だから私たちは、いつも未知なものに対して心を開いておかないとね。そうそう、思い出したわ。アウマクア先生が話してくださって、はっとした話があるのよ」

「教えて、お願い！　アウマクア先生の話、大好きなんだ」ウニヒピリが頼みました。

「そうね、じゃあ座って静かに聞いてね」話を始める前にマリアが言いました。「ある時、アウマクア先生はセミナーをするために他の街へ行ったの。セミナーが終わった後、先生は宿泊先の図書室付きの部屋に案内されたわ。でも先生は一晩中眠れなかったそうよ。だって、本の著者たちが、自分たちの本について話し合っているのが夜通し聞こえてきたんだもの。だから先生は、次の日には疲れ切ってしまっていたそうよ」

子どもたちを見て、マリアは「このお話、どう思う？」と聞きました。

「すごい！　僕も自分の本が話すのを聞いてみたいな」カヴィカが答えました。

「確かに、それは面白そうだね」ウニヒピリも興奮して言いました。「アリババと40

人の盗賊の著者はどんなことを話すかな。彼は僕のお気に入りの海賊の本も書いてるんだ」

「話してくれてありがとう」カナニが言いました。「今のお話、とても面白かったです！」

子どもたちはまた仲良くウニヒピリの部屋へ遊びに行きました。マリアとキアナはリビングへ移動して、もっと座り心地の良い椅子に座りました。2人は大きな一枚窓から外の雨を眺めていました。そして、調和の取れた景色が雨の恵みを受けているのを静かに見ながら、この気づきと穏やかな時間を幸せに感じていました。

第21話

妖精は森の中に住んでいる

早朝にマルヒアの素敵な植物園を歩くのは、あらゆる意味でとても幸せなことです。マリアとウニヒピリは一つ一つ植物を見て、その姿の完璧さや色の豊富さにうっとりとしていました。辺りを包む香りも魅力的です。

2人は外来種の植物や、この自然保護区域で保護されている、絶滅の危惧種を見て歩きました。そして、その美しさに感謝をし、さらに愛を持って植物のお世話をして丁寧に保護してくれている人たちに感謝をしました。

絶滅危惧種エリアを抜けた後、マリアは大きな木の幹に寄りかかりました。そして、一緒に座って話をしましょう、とウニヒピリを誘いました。

マリアが「先住民たちは森へ入って悟りを開いていたって知っていた？」と尋ねました。

「どうして森に入ると悟りを開けるの？」ウニヒピリは返します。

「私も、木にハグしていたということしか知らないのよ」マリアが答えました。「もしかしたら、それが自然の叡智を吸収する方法なのかもしれないわね」

ウニヒピリは立ち上がると大きな木に向かって歩いていき、両手を広げて木に回すと、強く抱きしめました。

木にハグをしながらウニヒピリが「木さん、ありがとう、愛しています！」と言いました。

感動しながらマリアが「アウマクア先生が、木は私たちを神様や神性に直接導いてくれるエレベーターのような物だって言っていたわ。だから先生はいつも木をハグしていたの。ねえ、これから毎日やってみましょうよ！　どう思う？」と言い、提案しました。

ウニヒピリは木に抱きつくのをやめて振り返り「うん、ママ！　木が天上へのエレベーターみたいな物だっていうのがいいね。それに、木も愛されることが大好きだと思うんだ」と答えました。

「誰だって、物だって、みんな愛されることは嬉しいものね」マリアが答えました。
「さあ、こっちへおいで、木を抱きしめる小さな子。今あなたが木にしてあげたのよりもずっと強いハグをあなたにしてあげる」

2人はふざけてハグをすると、植物園の出口に向かって歩き始めました。道中、マリアはアウマクア先生の師であるモーナ先生のことを思い出しました。モーナ先生は植物や花と話すことができました。

「この植物たちすべてが、私たちとコミュニケーションを取ってくれているのよね」マリアが感嘆の声をあげました。「でも、私たちはその声を聞くために、まずはたくさんの記憶を消去して、思考することをやめないといけないわね。モーナ先生にはできた。それはつまり私たち、それに誰にだってできるっていうことよね。たとえばそうね、彼女は、問題が起きたとき、森へ入って『病気に困っている人がいるの』と言っていたのかもしれないわ。そして症状を説明するの。そうしたらいくつかの植物が手を挙げて『それなら私が治せるわ』と応えていたかもしれない。そんなことが起きたらすごく素敵じゃない？」

「その人に会ってみたかったな」ウニヒピリが言いました。「でもありがたいことに、僕たちにはアウマクア先生がいる！」

マリアは微笑んでから車に乗り込みました。2人はメレカの家へ行き、ウニヒピリはそこで友達のカナニと午後を過ごす予定でした。到着すると子どもたちは走って遊びに行きましたが、メレカは深刻そうな顔をして家から出てきました。

マリアはすぐに「どうしたの、メレカ?」と尋ねました。

「今朝からずっと、庭の窓から音が聞こえるの。まるで振動しているみたいに」メレカが答えました。「カナニにも確認したんだけど、何も聞こえないって。一緒に来て、音がするか確認してくれる?」

メレカはマリアを庭に連れて行き、2人は窓のそばで立ち止まって、静かに耳を澄ませました。

「まったく何も聞こえないわ」マリアはメレカに伝えました。「これは間違いなくあなたに芽生えた能力が原因ね。アウマクア先生のアドバイスを覚えている？　恐怖心を手放して」

「この音が私を苦しめるの」メレカが訴えました。「どんどん大きくなっていくの。窓が何を伝えようとしているのか分からないのよ」

「アウマクア先生の家に行って本を何冊か持ってくるわ」マリアが答えました。「先生に何が起きているか伝えて、何か分かるか聞いてみる。後で電話するわね」

「ありがとう、マリア」メレカが言いました。「そうしてくれると助かるわ」

先生の家に着くと、マリアはメレカのことを伝えました。アウマクア先生は数分待つように言うと、いつもこの大先生が答えを求める時にするのと同じように、瞑想をして神様と繋がりました。

「木が何本か伐《き》られたのが見えるな」アウマクア先生がマリアに伝えました。「お友達に電話をして、私に代わっておくれ」

マリアはすぐにメレカに電話をして、アウマクア先生と電話を代わりました。

大先生が尋ねます。「あなたは庭の木を伐りましたか？」

「ええ、今朝早く、父が2本伐りました」メレカが答えました。

「あなたに聞こえている窓の騒音は、妖精たちが外から窓のガラスをたたいている音だよ」アウマクア先生がメレカに伝えました。「あなたたちが木を伐って、彼らの家をなくしてしまったので、彼らはとても怒っているんだ。その木は彼らの家だったから、あなたたちのしたことに対して抗議しているんだよ」

「ああ、アウマクア先生」メレカが言いました。「ごめんなさい！　これから彼らに謝ってきます。私には彼らを見ることはできないけれど、ずっと彼らとコミュニケーションを取りたいと思っていたんです」

「妖精たちは、ただふざけることが好きなだけなんだよ。もっともたまに行き過ぎることもあるがね」アウマクア先生は笑いながら言いました。「時々抗議するために物を隠すことがあって、そうなると見つけるのはすごく難しいんだ。彼らは自分たちの生活環境を無条件に愛しているから、花や植物、木など、何か自然に手を加える時にはいつも彼らの許可をもらうようにしないとね。そうしないと妖精たちが怒ってしまうからね」

「ありがとうございます。愛しています、アウマクア先生」メレカが言いました。

「では、もう電話を切って、するべきことをしなさい」アウマクア先生が言いました。

「それから、妖精たちと関わる時には、目と耳にしっかり集中しておくように」

アウマクア先生は電話が終わると、マリアの手を取り庭へと案内しました。そしてマリアに、いつも瞑想に使っている木のベンチに一緒に座るように言いました。大先生は目を閉じて深呼吸をしました。その時、マリアは先生が妖精たちに起こったことの責任を取って、クリーニングをしているのだと気づきました。マリアは先生のことを静かに見ながら、この素晴らしい人物と、その周りの自然との完璧な調和に夢中になっていました。そして、すぐに妖精たちが浮かれ騒ぎ始めました。

第22話　いつでも自分の心を信じて

マルヒアはお祭りの多い街です。この美しい谷には、毎日街の人たちがお祝いをするような恵みが数多くあります。毎日に感謝することができるのです。ここでは、何かを成し遂げたり、幸せな出来事があったりすれば、すべてお祝いの対象なのです。

この街は、若者にもお年寄りにも平等になるようにデザインされています。メレカの両親、ロパカとアレナは、マルヒアで一番人気のあるカフェを作ろうとした時に、そのことを忘れないようにしていました。そして実際に2人の作ったカフェは、市内に数店舗を持つほどの人気店になりました。このカフェはその居心地の良さと美味しい食事だけではなく、子どもに優しいカフェとしてもよく知られています。お店には子ども客と、子どもたちとの接し方のトレーニングを受けた店員のための専用スペースがあるのです。ここはウニヒピリとカナニとカミラのお気に入りのレストランでした。

3人は子ども用スペースに座って、バーガーが届くまでボードゲームに熱中していました。大人たちのスペースでは、マリアがメレカ、ケオニ、アリカと一緒に座っていました。4人は、ケオニの動画がネットで100万回再生されたことをお祝いするために集まったのでした。

若いケオニは満足そうに「この動画チャンネルは成功するって思っていたんだ」と言いました。

「ケオニ、君はやりたいことを持っていて、信じることができたんだね」アリカが応じました。「それが、君が成功できた一番の理由だね」

「お父さん、実をいうとね」ケオニが言います。「僕はただお父さんのやり方を真似しただけなんだ。大好きなことをして、信じることの大切さに気づけたから。お父さんからインスピレーションをもらったんだよ」ケオニは微笑みながらアリカの肩に手を回しました。

マリアとメレカは、にこやかにこの父子の純粋な愛と絆を見ていました。

「私は、できるだけやろうと決めていることが一つあるの。それは、いつでも自分の心を信じることよ」マリアが言いました。「これはウニヒピリがとても小さかったころから、あの子に言い聞かせていることでもあるの。心は決して私たちに嘘をつかないから」

「精神的なものを無視して、心の叡智に従うことは、私にとっては日々の課題だわ」メレカが言いました。

「あそこにいる子どもたちを見てごらんなさいよ」マリアが指をさしました。「あの子たちはとても賢く、それでいて無邪気だわ。私たちは大人になっても無邪気さを失うべきではないのよ。もし失くしてしまったのなら、ホ・オポノポノを実践して取り戻すの」

ウエイターが注文した料理のお皿を丁寧にテーブルに載せていきました。みんなが食べ始める前にマリアを見ると、マリアはすぐにお祈りの言葉を始めました。

マリアは穏やかな声で「私たちはこの食事に感謝し、愛を示します。そして、神様がこの食事に、私たちに正しく完璧な物をもたらすことを許可します。また、友人とこの美しい瞬間を分かち合えることを神様に感謝します」と言いました。

4人は楽しく会話を続けながら食事を楽しみました。そしてデザートが来た時に、ウニヒピリが母親に用事があってテーブルにやって来ました。

「ママ、ちょっとだけ僕たちのテーブルに来てくれる？　みんなにアウマクア先生と洗濯機のお話をして欲しいんだ」とウニヒピリがお願いしました。

「もう全部食べ終わったの？」マリアが聞きます。

「デザート以外は」ウニヒピリが答えました。

「だったら、みんなこっちに来て、ここで一緒にデザートを食べましょうよ」マリアが提案しました。「そうしたらみんながお話を聞けるでしょ？　どう思う？」

答える代わりにウニヒピリは友達を呼びに走っていきました。子どもたちもテーブルに着けるように、ケオニが椅子を頼んでくれました。

「これはアウマクア先生のお話の中でも、私のお気に入りよ」マリアが言いました。

「もしかしたら、これが私の家で起こったことだからかも。何年も前に、先生が初めて私の家に来たときのお話なのよ。私にとっては、先生をお招きできるなんてとても光栄なことだったわ。でも実は、どうおもてなししていいのか分からなくて、少し緊張していたの。私が先生を出迎えたら、先生は家を案内して欲しいって言ったわ。だから私は先生に家中を見せていたの。そして私たちが洗濯スペースに来たとき、急に先生は洗濯機の前で立ち止まったわ。それから、洗濯機に向かって『そうだよ、それは私だよ』と言ったの」

カミラが「先生は洗濯機に話しかけていたの？」と質問をはさみました。

「私も同じことを先生に聞いたわ。答えはもちろんイエスだったの」マリアが続けます。「先生が洗濯スペースに来た時に、洗濯機が『あなたがホ・オポノポノの人？』って聞いてきたんだって。つまり、洗濯機はホ・オポノポノの人が来るっていうことを知っていたということね。命を持っていないと思っている物たちも、みんな私たちのことを見て、聞いているなんて思ってみたことあった？」

「それだけじゃなくて、私たちに話しかけてきてもいるのよ」メレカが言いました。

「でも、私たちは聞こえるわけがないって考えることばかりに時間を使ってしまう。だけど、本当なの。実はこれまで言うのを躊躇《ためら》っていたんだけど、私も洗濯機のお話があるの」

カナニがとても聞きたそうに「お話しして！」と言いました。

「じゃあ、話すわね」メレカが続けます。「私はいつも洗濯をする時に、少しだけソーラーウォーターを足すことにしているの。何日か前に私がソーラーウォーターを注いだ後、洗濯機が『ケチケチしないで、もうちょっとソーラーウォーターを入れて』って言ってきたの。とてもはっきりと聞こえたわ。でも私は確信が持てなくて、もっと耳に集中したの。そうしたらまた『今日は気前が良くないね。もっと注いでよ』って聞こえたのよ。どう思う？」

「すごいじゃない、メレカ！　あなたが成長していて、とても嬉しいわ」マリアが興奮して言いました。

「私はただ心を開いて、すべてを流れるままにしているの」メレカが言いました。「アウマクア先生がそうしなさいって」

食後の楽しい会話が続き、テーブルの周りには特別な空気が広がりました。この話は街の人たちや旅行客たちを喜ばせ、人づてに広まり、すぐにマルヒア中が知ることになりました。もうマルヒアの標語「あなたがここで目にするものすべてには、命が宿っています」を疑う余地はありませんでした。全ての命、そして身の回りの物すべてに神様が宿っているのです。

私は1つだけ破らないようにしているルールを持っているの。いつでも自分の心を信じるっていうことよ

第23話 親友と話すように、神様と話してください

マルヒアのクリスマスは、参加する人全員にとってとても魅力的なものです。それは家や通りを彩る幻想的な飾りや美しいライティングに見とれる数百人の旅行客たちにとっても同じです。街はホリデーシーズンをお祝いする明かりと飾りで輝いています。大きなクリスマスツリーが立っている中央広場は、明るいライトと色とりどりなオーナメントで美しく装飾されています。

今日の広場は、たくさんの催し物で賑わっていました。アイススケートのリンクは若いスケーターたちでいっぱいで、音楽団はこの季節にピッタリの曲を演奏していま

す。大きなクリスマスツリーの傍らでは、サンタクロースが子どもたちに挨拶をして、ハグをしています。大人たちもみなこの季節への喜びに溢れていて、自分たちのインナーチャイルドと完全に調和していました。

子どもたちは、街の人たちによって寄付されたプレゼントでいっぱいの大きな箱を前にして並んで、ワクワクしながら自分の番を待っていました。ここではピンときたプレゼントを自分で選ぶことができます。くじ引きやコンテストではなく、誰もが美しく包装された箱に話しかけ、自分にぴったりのプレゼントをもらう許可をもらい、選ぶのです。子どもたちが箱にお願いしているのを聞くのは、それだけでも楽しいものです。

「こんにちは。僕はケパノ。9歳だよ。僕は自分に合ったプレゼントが欲しいんだ。いい？　ありがとう、愛しているよ」

「箱さん、聞こえているのは分かっているのよ」列の次の子が言います。「全部のプレゼントにありがとうって言わせて。あなたたちの許しをもらって、一つプレゼントをもらうわね。ありがとう、愛しています」

「君たちにもおめでとう」他の子が言います。「君たちは、僕らをとても喜ばせてくれているね。僕もプレゼントをもらってもいいかな？　ありがとう、愛しているよ」

ウニヒピリはプレゼントで手に入れたパズルを持って、順番を待つカナニの隣に立っていました。そして、その反対側には息子を連れた旅行客が立っていました。

「こんにちは、きみたち」その女性が話しかけてきました。「きみたちは、この街の子？」

「ええ、そうです」ウニヒピリが答えました。

「プレゼントをもらえて良かったわね」女性が続けます。

「うん、このプレゼントが気に入ったんだ」ウニヒピリが答えます。「でも、他の物でも嬉しかったよ。お母さんが、幸せは僕の内側にあるって教えてくれているから。だから僕は毎日内側で幸せを探しているんだ」

「すごいわね」女性が言いました。「もし本当にマルヒアの人たちがみんな幸せなんだとしたら、それは、その内側で幸せを探すことが要因なのかしら？」

「そうです」ウニヒピリが誇らしげに答えました。「僕たちはとても小さいころからホ・オポノポノをやっているんです。ホ・オポノポノは問題を解決したり、神様と繋がったりするためのテクニックなんだ。あと1時間くらいで、アウマクア大先生が子どもたちに会いに来てくれるから、気になったらその子と一緒に来てみませんか？先生が僕たちにお話をしてくれるんです」

その日マリアは、アウマクア先生と子どもたちが過ごす会場の準備で、朝早くから広場にいました。みんなは大きなテントを立て、アウマクア先生が座る講壇の前に椅子を並べました。今は少しでも多くの子どもたちが大先生に会えるように、椅子の列を最終調整しているところです。

そして、大先生が到着するころには、準備は完璧に整っていました。マリアは温かいハグで先生を出迎え、先生が子どもたちと話をする時に座る、座り心地の良いソファへと案内しました。子どもたちはアウマクア先生のお話を聞くことを楽しみにしながら会場に入ってきました。親たちは、外の大きなスクリーンで会場の様子を見守っています。

いつもの腰の低さで、先生は子どもたちを出迎え、来てくれたことへの感謝を伝えました。先生はまずクリスマスのお祝いを伝え、今感じていることをみんなに伝えたい子はいるか尋ねました。たくさんの小さい手が挙がり、アウマクア先生は小さな女の子を指さしました。少女は最初に選ばれた喜びで、ジャンプするように立ち上がりました。

「私の名前はホクで、7歳です。先生に聞きたいことがあります。先生は神様とお話しできるって本当ですか？」

「とても良い質問だね、ホク」アウマクア先生が答えます。「答えは2つに分けて伝えよう。まず1つ目は、イエスだ。もちろん私は神様とお話しできるよ。2つ目は、君たちもみんな神様とお話しすることができるってことだよ。神様とは、私たちが内側に持っているものの一部でもあるんだ。私たちの中の、何でも知っていて、無条件に愛してくれて、1日24時間、毎日自由にできる部分なんだよ」

ホクはしっかりと話を聞いてから「でも、どうやってお話しするんですか？」と聞きました。

「君が、君と一番仲の良いお友達に話しかけるように話せばいいんだよ」アウマクア先生が答えました。「たとえば、自分に起きた出来事を話して、考えすぎたり、心配しすぎたりしないようにしてみるねって伝えるとか。『ありがとう、愛しています』を繰り返すことで、神様が君の問題や君自身のために何かできるようにしてあげられるようにね。先生のお話は分かったかな?」

「はい、先生」ホクが答えました。「でも、どうやったら神様の言っていることが分かるんですか?」

「神様にお話をして、起こることすべてが大丈夫になると信じてごらん」アウマクア先生が少女に言いました。「そうしたら神様の言っていることが聞こえなくても、神様は君に何が必要なのか分かるんだ。ただ信じて、神様が君にピッタリのものをもたらせるようにするんだ」

「はい、わかりました」ホクが答えました。「ありがとう、愛しています、アウマクア先生」

「先生もあなたを愛しています、ホク」アウマクア先生が言いました。「君が『ありがとう、愛しています』を繰り返せば繰り返すほど、より多くの記憶を消去することができるんだよ。コツコツと続けているうちに、神様が自動的に君に様々なものをもたらせるようになるからね」

アウマクア先生は参加者みんなに向き直って「先生に起きた出来事を話してもいいかな？　ホクがしてくれた質問とも、とても関係がある話なんだ」と聞きました。

子どもたちは知りたくてしょうがない様子で「はい！」と大声で返しました。

「前に家で、とっても変な音を聞いたことがあってね。その音は私が知らない音だったんだ」アウマクア先生が続けます。「私は静かに目を閉じて、神様とお話ししてみることにしたんだ。これは私が神様から答えを教えてもらう方法でね。目を閉じることで、私は神様の姿が見えるんだ。神様はロッキングチェアーに座っていたよ。私は神様に『何をしているんですか？』と聞いたら、神様は『誰も私に話しかけてくれないから、ここにいたんだよ。みんなご近所さんや精神科医とお話しするのが好きで、私には話しかけてこなくてね。だからたっぷり時間があるんだ。宇宙や他の物を創造できるくらいにね』と言ったんだ。
みんなはどう思う？　神様は、私たちが話しかけるのを待っているんだよ。神様とお話しするよりも素敵なことなんてないのにね」

子どもたちはアウマクア先生のお話に拍手喝采をしました。先生は引き続き子どもたちから質問を受けて、答えていきます。子どもたちは、次は自分が選ばれるようにと一生懸命手を挙げます。いつものように、先生は自分に起きたお話をすることで、子どもたちを楽しませました。外のスクリーンの前では先ほどの母親が、会場にいる自分の息子が手を挙げている様子を見て涙ぐんでいました。この特別な日の午後、愛と純粋さの波がマルヒアの中央広場に広がっていきました。

第24話

求めたら、助けは必ず来る

　街中の人たちがみんな幸せに暮らしている、美しく平和な谷にあるマルヒアは、自然の豊かな景観に囲まれています。そのうちの一つ、イヒラニ川は、海へと流れ込む直前で一番川幅が広くなっています。川は、山の縁を通る狭いでこぼこ道と並行して流れていました。

　その道の狭さや荒れ具合が、旅行客の観光ポイントからイヒラニ川の優先順位を下げていることにマルヒアの街の人たちは、どこか感謝していました。この地域は動植物の宝庫で、絶滅の危機に瀕している種も存在しています。マルヒアの人はこのエリアを保護するために必要なことを知っていて、水質汚染や環境悪化を防ぐための思い切った方法を取り入れていました。

ケオニとアリカは、イヒラニ川への旅行を一週間前から計画していて、マリア、メレカ、ウニヒピリ、カナニを招待していました。朝日が昇ると、みんなは大型のバンに乗り込んで、2時間の行程に備えました。

一行はゴールデンリバーとして知られているエリアで過ごした後、そこからアリカの営む宿、ハウオリまで行く予定です。そこで一泊して、翌日にマルヒアに帰る計画なのです。この1週間、子どもたち2人はずっとこの小旅行を楽しみにしていました。これは2人にとって、初めての川への旅行なのです。

出発前、マリアは2人が忘れてしまわないように「これから始まる旅行に感謝して、神様に今日一日私たちを守り、導いてくれるようにお願いしましょう。ありがとう、愛しています」と言いました。

「マリアさん、どうしていつも感謝をすることを忘れないでいられるの？」カナニが聞きました。

「それはね、カナニ、何年もの努力の賜物よ」マリアが答えました。「やり続けていれば、そのうち習慣になるわ。それに、私はいつも心の中で『ありがとう』って言っているから、いつでも意識にあるの。私は、自分に相応しいものを得ることができているの。だから私の周りの人たちも、それぞれに相応しいものを得ているわ」

「ねえ、カナニ」メレカが言います。「お姉ちゃんは『ありがとう、愛しています』って言うことが、神様に私の問題に関わるきっかけをつくることなんだって分かってからは、簡単にできるようになったわよ。神様にその問題を任せちゃうようなものなの」

「簡単に言うとね、カナニ、物事はそういう風になっているの」マリアが付け加えました。「いつでも最初に神様のことを考えてみて。学校に行く前、遊ぶ前、宿題をする前、食べる前、それに私たちはたった今、旅行に行く前にもそうしたわ。そうすることで神様は見守って、あなたにぴったりのものをもたらしてくれるの。やればやるほど自然になっていくわ。たとえば息をするくらいにね」

「僕は絶対に忘れないようにするよ」ウニヒピリが言いました。「眠い時や、お腹がすいている時にもね」

「お腹がすいたといえば」マリアが言いました。「サンドイッチとジュースを持ってきたのよ。欲しい人はいる？」

みんなが同時に「はい！」と答えました。

マリアは車の中でみんなにサンドイッチを渡しました。車は濡れた土の道の一番狭い部分に差し掛かっていました。道は先日の雨のせいで泥状になっています。くぼみに気を付けて運転していたアリカが、突然車を停めました。

アリカが警戒しながら「あれを見ろ！」と言いました。

フロントガラス越しに、ゆっくりと車に近づいてくるコヨーテが見えました。そして目の前で止まると、動かずに吠え始めました。数秒後、コヨーテは踵《きびす》を返して山の方へと歩き出し、茂みに入るといなくなりました。男の子たちは間近で野生動物を目撃した興奮が収まりません。

ウニヒピリは大きな声で「ワオ！　こんなに近くでコヨーテを見たことなかったよ！」と言いました。

「なんか怒っているみたいだったよね」カナニが言いました。「僕たちに吠えている様子を見た？」

「そうとは限らないよ、カナニ」ケオニが言います。「あれがあいつのコミュニケーションの仕方なんだ。もしかしたら他のコヨーテたちに警告を送っていたのかもよ」

ちょっとした危険を乗り越えて、みんなは道の両脇を覆う様々な植物を楽しみながら進みました。木々の間から日の光が漏れて、珍しい鳥が数羽飛んでいました。そしてすぐに一行は水辺に到着しました。

「マリアさん、ちょっといいですか？」ほっとしたカナニが声をかけました。「コヨーテが吠え始めたとき、僕はすごく怖かったんです。でも、今日出発したときにマリアさんが言っていたことを思い出したんです。だから僕は『ありがとう、愛しています』って繰り返して、神様にコヨーテがいなくなるようにお願いしたんです。そうしたら、本当にそうなりました！」

「そうね、カナニ。よくやったわね」マリアが褒めるように言いました。「神様は24時間いつでもあなたのために動けるの。あなたのおかげでアウマクア先生の先生、モーナ先生のお話を思い出したわ。聞きたい？」

　みんなが「もちろん！」と言いました。

「これはモーナ先生が子どものころのお話だから、とっても可愛いお話なの」マリアが続けます。「アウマクア先生がこのお話をしてくれた時、私は、私たちみんなが生まれたときから持っている神様との特別な繋がりについて理解することができたわ。子どものころのモーナ先生は、実は道を渡るのが怖かったんですって。でも、彼女はその恐怖を消すための完璧な方法を知っていたの。それが何だったかわかる？」

「他に道を渡る人に、一緒に渡ってくれるようにお願いしたんじゃない？」ウニヒピリが答えました。

「そう、彼女は誰かに助けを求めたの」マリアが答えます。「でも、その誰かは、神様だったのよ。モーナ先生には、大きな手が空から降りてくるのが見えて、その手が彼女と手を繋いで道を渡ってくれたんですって。思いもよらなかったでしょ？」

「えっ本当に⁉」カナニが言いました。「彼女のために空から大きな手が降りてくるなんて」

「このお話のおかげで私は『ありがとう、愛しています』を言うことで、すぐに私たちを助けてくれる手が来るようにできるんだって思えたの。たとえそれを見ることができなくてもね」マリアが言いました。「これは宇宙の法則のようなものなの。助けを求めると、必ず助けは来るのよ。大切なことは、神様が助けてくれるっていうことを知って、信じることなの」

「神様って、自分自身の呼吸よりも、もっと自分に近い場所にいるのよ」メレカが付け加えました。「でも、マリアの言う通り、私たちは信じなければいけないの。だって助けは、最も予想していないタイミングや場所、それに人からやって来るんだもの」

「まったくその通りね、メレカ」マリアがため息をつきながら同意しました。「でも素晴らしいことに、私のセミナーに参加してくれた人たちには、子どもも大人も、空から降りてくる手を見たっていう人たちがいるの。これは、とても美しい現実なのよ」

小道に車を停めて、一行はすぐ近くの川まで歩きました。みんなは透明な水の静けさに畏敬の念を覚えました。川の石や植物の葉は黄金色に輝いています。川の優しい流れの音色と鳥の歌声のハーモニー、そして目の前をひらひら飛ぶ色彩豊かな蝶々たちにうっとりしながら、みんなはこの平和と愛の聖域に歓迎されているのを感じていました。

第25話 力は思考に宿る

マルヒアを囲む山々の中で最も高い山、アロヒを散歩するにはとても良い朝です。この山は、街の壮大な景色を頂上から見たいと思う登山者の前に険しくそびえ立っています。

元気いっぱいなウニヒピリとカナニの頬は、登山によって赤くなっています。一方、マリアとメレカは後ろから自分たちのペースでついていきます。みんなは目標としていた、山腹の開けた場所に到着しました。そこには丸太造りのピクニックテーブルと木製のベンチがあり、一行はそこに座ることにしました。女性たちがバックパックから水と、フルーツやナッツの入った小さな容器を取り出しました。子どもたちはゴールに辿り着いたことで興奮していました。

熱気を帯びた声でカナニが言います。「やった！　今までこんなに高いところまで来たことはなかったよ」

「そうだね、でもまだ頂上に着いてもいない」ウニヒピリが付け加えました。

「2人とも、よくやったわ」マリアが2人を褒めました。「今度来るときには、もしかしたら頂上まで行けるかもしれないわね」

「分からないけど、もしかしたらね。僕たちに決められることじゃないかもしれないし」カナニが言いました。

「決められるに決まっているじゃないの」マリアが言いました。「私たちの思考はとっても強力なのよ。やろうと決めたことはできるの。だってあなたが考えて、信じたものがそのままあなたの力なんだから」

「もし『ありがとう、愛しています』を繰り返して記憶を消去すれば」メレカが付け加えます。「自分が望むものに集中することができて、何も心配する必要がなくなるわ」

「思考の力の大きさを想像してみて」マリアが言います。「私たちは、ハリケーンのような自然災害の進路を変えることさえもできるの。これは大げさに言っているんじゃないのよ。アウマクア先生が教えてくれたんだけど、ずっと昔にとても強いハリケーンがマルヒアに向かって直進していたことがあったの。でも多くの人がホ・オポノポノでクリーニングしたおかげで、嵐は突然進路を外れて、マルヒアにはやって来なかったのよ」

男の子たちはおやつを食べながら、驚いた顔でお互いを見ました。その後2人は、登った時よりも元気よく下山を始めました。マリアとメレカはまた男の子たちの後をついて行きながら、周りの美しさを楽しみました。

山の麓に着いてから、一行はカヴィカを迎えにキアナの花屋さんへ行くことにしました。カヴィカは今日、ウニヒピリとカナニと一緒に映画に行く予定でした。今からだと、ちょうどキアナがお店を開けるころには到着できそうです。

カヴィカを迎えに行く道中、マリアはホ・オポノポノについての話を再開させました。マリアはこの素晴らしいテクニックを、知りたがっている人やマルヒアを訪れる人たちと分かち合うことがとても大好きなのです。

マリアが「思考の力といえば、キアナはとても良いお手本よね。彼女、1年ちょっと前にマルヒアに来た頃は、まだ会計士だったのよ。でもここに来てすぐに仕事を辞めてお花屋さんを開く準備を始めたの。彼女がその決断をした時のことを今でも覚えているわ。彼女に、花のことに詳しいのか、フラワーアレンジメントの勉強をしたことがあるのか、って聞いたもの。彼女の返事は『まったく』だったわ。それに、お店を開いた経験もないって言っていたのよ」と言いました。

ウニヒピリが不思議そうに「じゃあ、なんでキアナさんはやってみたの？」と聞きました。

「彼女の心の中の何かが、これが自分のするべきことだって強く訴えていたのよ」マリアが答えました。「彼女はその直感だけを信頼して、思考をそれに集中させたの」

「たった6カ月でこんなに大成功するなんて、本当にすごいわ」メレカが感心しながら言いました。

やがてみんなは花屋に到着して、中に入りました。お店はこぢんまりしていて、内装も上品でした。店内は花が主役になるように飾られ、お店の周りにも花が美しくアレンジされていました。キアナとカヴィカが笑顔とハグでみんなを迎え入れました。

「来てくれてありがとう」キアナが言いました。「カヴィカが待ちわびていたのよ」

「キアナ、あなたのお店は来るたびにどんどん可愛くなっていくわね」マリアが言います。「2、3カ月来なかっただけなのになんて素敵になったの」

「ありがとうマリア」キアナが返事をしました。「まさに最近、装飾を頑張っていたのよ。ありがたいことに結婚式用の仕事があって今日はとても忙しいの。今ちょうど作り始めたアレンジメントを見てほしいな」

「未だにあなたが、どうやってこの短期間にそのレベルに達したのか分からないわ」マリアが驚いて言いました。「そのブーケ、とても素敵だわ」

「秘密を教えちゃうわね」キアナがウィンクをしながら言いました。「私はただ花の言うことを聞くようにしているの。花が私を導いて、すべてを教えてくれたのよ。初めてフラワーアレンジメントをしたとき、私は手が勝手に動いているように感じたの。花の言うことを聞いていたら、インスピレーションが湧いてきたわ。花が、どれをどこに置いて、使わない方がいいものは何かを教えてくれたの。お互いに引き立て合わない花もあれば、一緒の方がいい花もあるのよ。それ以来、私はただ花の言うことを聞いているの。だってみんな、自分がどこへ行くべきかをもう知っているんだもの」

「あなたは神様から授かった才能を伸ばす方法を知っているのね」マリアが答えました。「あなたはとても素晴らしい証人だわ、キアナ！」

「ホ・オポノポノのおかげよ。これを実践するって決めて、神様の手に委ねることにした日のことを本当に良かったと思うわ」キアナが言いました。「何もかもが魔法のような流れだったもの。今は花の買い付けに市場に行くと、『私と一緒に来たいのは誰？』って聞いているの。選んでほしくて、花が手を挙げるのが見えるのよ」

ウニヒピリが好奇心いっぱいに「花に手があるの？　花って手を挙げられるの？」

と聞きました。

「ええ、ウニヒピリ」キアナが答えました。「たまに私の買い物リストに入っていない花も手を挙げるわ。でも私は買うことにしているの。花を信頼しているから。買って帰ると、きまって誰かが、その花が欲しいって電話をくれるのよ」

「なんて面白いのかしら」マリアが言いました。「話してくれてありがとう。でも今日はもう、さようならのハグをしなきゃ」

みんなでキアナにさようならを言うと、彼女は全員が車に乗るまで窓から見送りました。車が行くとキアナは振り返り、店中の美しい花々に改めて驚きました。キアナは心の中で「お花さん、ありがとう。愛しているわ」と繰り返しました。

それから彼女は作業中だったアレンジメントに取りかかり始めました。そして花たちの完璧でこの上ない調和に、幸せそうに微笑みました。

第26話
私たちは身体以上の存在。死は存在しない。人生をたたえよう

ある寒い朝、美しい谷間にあるマルヒアの上で、空はとても強い青色をしていました。太陽は明るく輝き、木々や花々の色を際立たせています。キッチンの窓から外を眺めながら、マリアは今日という日の美しさを楽しみ、感謝をしていました。彼女はちょうどウニヒピリとその友達、カナニとカヴィカに朝食を用意したところでした。

男の子たちは楽しい1日にワクワクしていました。午前中はアウマクア大先生の特別講演に参加して、午後にはカフェでお気に入りのハンバーガーを食べ、そのまま新作のアドベンチャー映画を観に映画館へ行くのです。

「ご飯を食べ終わったら、すぐに出発するわよ」マリアが男の子たちに言いました。「遊んでいないで食べてね。このままだと、アウマクア先生の家にちょうど着くかどうかくらいの時間なんだから」

「マリアさん、僕は初めてアウマクア先生本人にお話を聞けるから、とっても楽しみなんです」朝食を食べながらカヴィカが言いました。

「私も楽しみにしているの、カヴィカ」マリアが答えます。「あなたの年齢でアウマクア先生と一緒に過ごせるのは、とても素晴らしいことだわ。彼の言うことは素晴らしい教えを含んでいるから、しっかりと聞かないとね」

「僕はいつもノートを持っていて、気になったことを書いて忘れないようにしているよ」ウニヒピリが話に入ってきました。

その後出かけたみんなは、先生の家に到着しました。広いリビングで先生は立ち上がって、男の子たちに挨拶をしました。先生はこの特別な日のために、20人以上のマルヒアの子どもたちを招待していて、みんな無事に先生の家に到着しました。先生が子どもたち1人1人に挨拶をしている間、マリアは先生のそばに立っていました。アウマクア先生のお気に入りの教え子であるマリアは、この会合のサポートをすることになっていました。マリア以外の母親は、この場にはいませんでした。

子どもたちはみんな、アウマクア先生の前の床に座り、マリアが静かにする合図のベルを鳴らしました。大先生はまず挨拶をし、来てくれたことへの感謝を伝えました。それから優しく心地よい声で子どもたちに今日のテーマである、壁にかかった絵をよく見るように言いました。それはウニヒピリが数カ月前に先生にプレゼントした絵です。そこには、背中に羽を持ったお父さんが空の道を歩いている美しい光景が描かれていました。

「この絵は私がとても愛している人物によって描かれました」アウマクア先生が子ど

もたちに伝えました。「彼がこの絵をプレゼントしてくれた時に、私は彼に、彼は最も難しくて、最も大切なことを学ぶことができていると伝えました。それは私が今日みんなにお話ししたいことと関係があります。みんなが、私たちはこの身体以上の存在なんだということを知ることで、嬉しいことに、私たちが死と呼んでいるものなんて存在しないということを知ってもらいたいのです。

私たちはみんな神様のエネルギーであり、永遠の愛であり、決して死ぬことのない神聖な輝きなのです。身体だけが唯一死ぬものです。私たちのエネルギー、いつも私たちと一緒にいる内側の存在は永遠に消えないのです。この絵を描いてくれた子は、今日ここにいます。彼は、たとえ肉体的にはもうお父さんに会うことができなくても、お父さんがお父さん自身の道を進んでいるということを知っている幸せな少年です。誰か他にもこのテーマについて私たちにお話をしてくれる子はいるかな？」

何人かの小さな手が挙がり、アウマクア先生は小さな女の子を指しました。少女は立ち上がり、一生懸命話し始めました。

「何年も前に、私はママのお腹の中で溺れてしまって、小さな天使たちのいるところに戻って、またそこで暮らさなければいけなくなってしまいました」その少女が言いました。「それからまた戻ってきて、今度はママと一緒に暮らせるようになったんです。ママはこの話を聞くのが大好きなんです。私が生まれる前に赤ちゃんを亡くしているから、この話が本当だってちゃんと分かっているんです」

「とても興味深いお話だね」アウマクア先生が答えました。「この世界へ来たり、戻ったりしたことを覚えていられるなんて、本当に素晴らしいね。君のママはきっと、学ぶべきことを学ぶことができたね。悲しい出来事だったかもしれないけど、最終的に彼女は報われたんだ。だから私たちは、何が起こっても神様に感謝しなければいけないね。良いことも悪いこともね。困難があるときに感謝をすると、その困難は早く過ぎ去るんだよ」

それからアウマクア先生は手を挙げている別の子を指して、話すように伝えました。男の子は少し緊張して立ち上がりました。それでも、大きな声で自分が信じていることを伝えました。

「アウマクア先生、ありがとうございます」少年は感謝の言葉から始めました。「僕は信じていることがあります。それは、ペットもずっと生き続けるということです」

「どうしてそう確信できるんだい？」大先生が尋ねました。

「僕はとても小さい時から知っているんです」少年が答えました。

「飼っていた犬が死んでしまったとき、僕は彼がいなくなってしまったわけじゃないって、ただ分かったんです。ママはたくさん泣いていたけど、僕はベンジーが帰って来るって分かっていたから泣かなかったし、ママにも泣かないでって言ったんです。先生、ベンジーは本当に帰ってきたんです。ある日、家の前に5匹の子犬が現れて、その子たちを見ていたら、そのうちの1匹がベンジーだって分かりました。僕はママに教えて、ママもそれに納得してくれたんです。だってその子は、ベンジーがやっていたことと同じことをするんだもん。ママがコーヒーを飲んでいると、その子はママのカップに向かって登ってきて、飲もうとしたんです。ベンジーとまったく同じように！　その時ママも、大好きなベンジーが帰ってきたって分かったんです」

「すごく良いお話だね」アウマクア先生が言いました。「話してくれてありがとう。君が、ママがつらい時に支えてあげられる思いやりを持っていてくれて、とても嬉しいよ。もちろんペットは家族の一員だよ。私たちが、エネルギーは生き続けるんだということを忘れてしまったら、その死を乗り越えることはできない。大切なことを言うよ。私たちは常に生きていて、命を祝福するためにここにいるんだということを、決して忘れないでいよう。さあ、休憩にして、この瞬間に感謝をしよう」

ノリの良い曲が流れてきて、子どもたちはみんな立ち上がりました。みんな音楽のリズムに合わせて踊り、手を上げて笑いました。アウマクア先生とマリアは、この子どもたちを祝福しながら、この上ない幸せと喜びを感じていました。みんな愛と光で一つになることを楽しんでいました。

おわりに

著者について

マベル・カッツは、作家、講演家であり、平和活動家です。また、内側に授かった才能を見つけることで平和で幸福に生きるというゼロ・フリークエンシーの提唱者でもあります。

彼女は、幸せ、平和、豊かさを得るための古代ハワイのテクニック、ホ・オポノポノの第一人者としても広く知られています。そして、世界中で数多くの人たちに内側の平和を見つけ、人生により充足をもたらすサポートをしています。

彼女が提唱するゼロ・フリークエンシーの核は、100%の責任と許し、そして感謝です。マベルはセミナーやワークショップで、自らを抑えつけてしまう記憶やリミッティングビリーフ（自ら限界を決めてしまうこと）から自由になる、ゼロ・フリークエンシーの状態に至るための実践的な方法を教えています。

「もし、これからの未来へ向けて子どもたちに備えをさせるのであれば、まず彼らに幸せで、生産的で、充足した人生の生き方を教えなければいけません。本当の自分を見つけさせるのです」とマベルは伝え続けています。

著者

マベル・カッツ

アルゼンチン生まれ。
会計士、ビジネスコンサルタントなどで成功をおさめ、
その後会社を設立。
メディア活動や地域社会への貢献により、
いくつかの名誉ある賞を受賞する。
しかし、イハレアカラ・ヒューレン博士とホ・オポノポノに出会い、
それまでとはまったく違う分野に飛び込む。
現在は世界中でセミナーを開きながら、
多数の著書を世に送り出している。
https://mabelkatz.com

訳者

伊藤 功

米国の高校、大学を卒業後、
日本にて市場調査会社の翻訳業務を請け負う。
その後、書籍やウェブサイトの翻訳など
活動の幅を広げ、現在に至る。

伊藤愛子

航空会社を退職後、結婚、出産を経験。
その後、子育てをしながら
在宅での編集アシスタントを始め、現在に至る。
編集の仕事の傍ら、夫である伊藤功の翻訳のサポートをする。

26のホ・オポノポノ
誰もが幸せに生きる街マルヒア

第一刷　2020年4月30日

著者
マベル・カッツ

訳者
伊藤 功＋愛子

発行人
石井健資

発行所

株式会社ヒカルランド
〒162-0821 東京都新宿区津久戸町3-11 TH1ビル6F
電話03-6265-0852 ファックス03-6265-0853
http://www.hikaruland.co.jp　info@hikaruland.co.jp
振替00180-8-496587

本文・カバー・製本
中央精版印刷株式会社

DTP
株式会社キャップス

編集担当
伊藤愛子

　ISBN978-4-86471-862-2